小方框裡的大台南

從郵票述說台南府城的故事

蕭文 著

自序

郵票是預付郵資的憑證，它也是文物，可以反映當時的社會環境，從郵票上可以瞭解一個地方的歷史及相關掌故，從郵票著手瞭解地方文史是簡便與有趣的方法，這是集郵的「益智」功能。這是多年前，郵局推動集郵的口號「集郵三益：儲財、益智、會友」。

我大半輩子住在台南市，從國小二年級開始集郵，注意到郵票上有不少與台南有關的圖案，而開始瞭解這些圖案的背景，而完成此書，這是我集郵的心得。

蕭文　於台南

二〇一七・六・一九

目錄

輯一

安平追想曲

——從熱蘭遮城到安平古堡

從郵票說起

二〇〇五年三月十八日，中華郵政發行了台灣古蹟郵票，其中的十五元票為台南安平古堡，並設計了專屬郵戳。郵票上標示了「台南安平古堡（一六二四年）」，單獨來看這張郵票的讀者可能會誤以為，郵票裡綠樹環繞的安平古堡是興建於一六二四年。其實並非如此。那麼郵票上所出現的一六二四年，這一年代表的意義是什麼呢？

此外，我們在一九五〇年代的安平古堡風景郵戳上可以明顯看見「安平古堡」石碑，這個石碑是何時設立的呢？而且在郵戳上還多了一座今天沒有的燈塔，這座燈塔是誰人所建？又是為何拆除的呢？

安平：台灣史的起點

故事必須從頭說起。讓我們先認識過去的安平，認識

台南安平古堡十五元郵票，左為專屬郵戳。

▲1959 年 1 月的中華郵政明信片。明信片上有該年 8 月 20 日的安平古堡風景郵戳，風景郵戳是鋼戳，其上鐫有日期。郵戳上的安平古堡圖案為燈塔，說明了安平古堡上曾設有燈塔。

▲1980 年代的中華郵政明信片。郵戳日期為民國 72 年 9 月 21 日，並有安平古堡風景郵戳，此一郵戳為橡皮戳，沒有日期。風景戳上，安平古堡圖案上是瞭望塔，燈塔已消失。

▲1990 年代啟用的安平古堡風景戳。這枚八角形風景戳相當特別。

◀2000 年代啟用的安平古堡風景戳。

現在安平古堡的所在地在歷史裡是什麼樣子。

一萬多年前的台南是一座突出於水面的大沙洲島，可以稱台南島，相當於現在的台南台地。從台南的三分子，東門外農業試驗所東北角等地，留下的貝塚，說明早年的台南是一個四周被海水包圍的島，這片海水適於貝類生長。當時的台南台地為一橢圓形的丘陵，其主軸呈北北東—南南西向，南北長約十二公里，東西寬約四公里。後來，海水逐漸朝西退，留下來的土質鬆軟，受到海風的影響以及河流的沖刷不斷累積堆積物，再加上暴雨造成山洪暴發，逐漸形成現今台南的沙丘地形。

十七世紀初期台南的海岸線在今台南市西門路一帶，當時的潮水逼近赤崁樓。這片海水的西側是一連串的沙洲，這些沙洲的位置就在今日台南市的安平區。由沙洲圍成的一大片潟湖內海，稱大海灣，後來稱台江內海，簡稱台江。台江內海是位於安平與台南間的內海，水深三至十四公尺，以沙地為主，船隻航行不便，容易擱淺。

大員是台江內海中最大的沙洲，又稱大鯤鯓或一鯤鯓，這裡有一個港稱為大員港，以後改稱安平港。大員之名一說來自「Taijouan」的中譯，另一說是從台灣南部平埔族台窩灣社（Teyowan）的名稱轉化而來。

大員沙洲北方隔著一條水道，與北線尾沙洲相望，再隔一條水道有加老灣島，這兩個島之間有一個孔道可以通航，附近有鹿耳門沙洲，水道最深者為鹿耳門港，

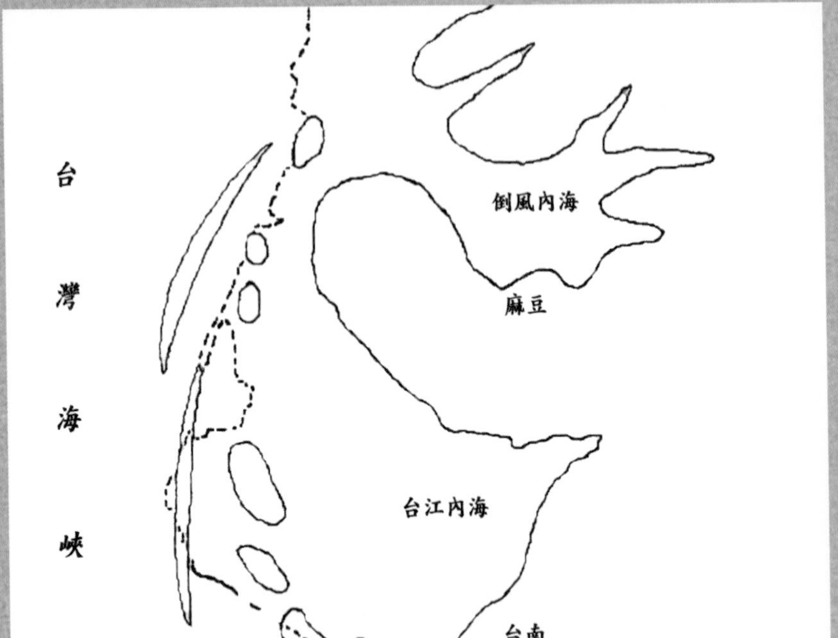

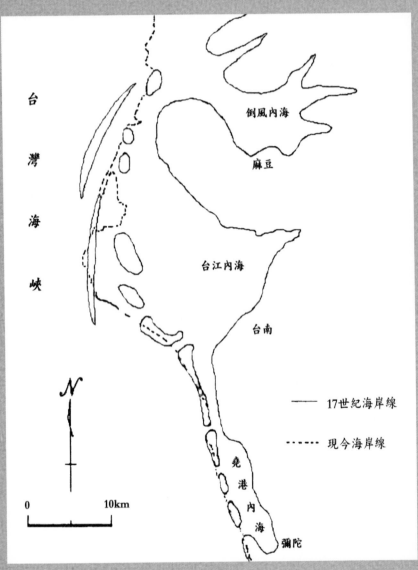

十七世紀與現今安平海岸線比較。

是出入台江的主要航道。郁永河在康熙年間寫成的《裨海紀遊》中，記下了他的觀察：「鹿耳門內浩瀚之勢，不異大海，其下實皆淺沙。」他的詩〈台灣竹枝詞〉：「鐵板沙連到七鯤，鯤身激浪海天昏；任教巨舶難輕犯，天險生成鹿耳門。」也是對當年鹿耳門地形的描繪。

後來「大員」一詞的範圍擴大，稱台南為大員，有時亦稱全台灣島為大員。而大員的位置也就是今日台南市的安平區，這裡正是台灣歷史的起點。

大航海時代的到來

由於船隻構造、繪製海圖等航海技術的進步，掀起十六、十七世紀的大航海時代，歐洲人出現在亞洲水域，改變了傳統的國際關係。台灣與福建海岸的平均距離約兩百公里，它鄰近中國大陸的位置，北上可達日本與韓國，南下可至菲律賓與南洋等地，因此，台灣位於東南亞與東北亞航線的交會點，加重台灣在地理位置上的重要性，加上安平又是良港，而成為當時歐洲重商主義國家爭取的據點。

荷蘭人於一六二四年至一六六二年間統治台灣，共三十八年，它是第一個進入台灣的現代文明，也是第一個以統治者身分進入台灣的政權，也是第一個在台灣課稅與行使主權的政權，從而開啟台灣史嶄新的一頁，讓台灣與西方世界展開接觸。

荷蘭為拓展在亞洲的商務，與葡萄牙以及西班牙等國在亞洲展開商務競爭，荷蘭政治家約翰・奧倫巴拿菲特（Johan van Oldenbarnevelt，一五四七－一六一九）倡議，聯合荷蘭所有在亞洲從事貿易的公司，以提升在亞洲的競爭力，這個建議被國家議會（Statem-Generaal）採納，於一六〇二年三月二十日成立「聯合東印度公司（Vereenigde Oost-Indische Compagnie, VOC）」，總部設在荷蘭首都阿姆斯特丹（Amsterdam）。國家議會為當時荷蘭最高的國家權力機構。該公司由十七位董事組成董事會，為公司最高權力機構。該公司擁有執法權、與東方國家的訂約權、鑄幣權以及軍事權，它是荷蘭政府在東方的業務代理人，它的職員被視為政府官員，領政府的薪水，所以它不是一般的商業公司。該公司於一七九九年解散。荷蘭設立東印度公司壟斷對東亞的貿易，以後為英國等國仿傚，所以許多歐洲國家都設有東印度公司。

十七世紀五〇年代，這個公司的活動區域，以巴達維亞為據點，西起中東，東至麻六甲海峽，北至日本，南到爪哇。一六一九年，荷屬東印度公司打敗葡萄牙艦隊，奪取麻六甲群島，占領位於印尼爪哇島的西北海岸的城市雅加達（Jakarta），改名為巴達維亞（Batavia），訂定為荷屬東印度的首都，並在這裡建立要塞，從事商務活動。

一六〇四年，荷蘭東印度公司派遣韋麻郎（Wijbrant van Waerwijck）到達澎湖，除了派人到廈門與明朝交涉通商事宜外，還派柯林斯・雷約茲（Cornelis Reijersz）到安平海域探勘，他們發現這是一個好的港灣，這個港灣位於台灣海峽中段，是北上通往日本的咽喉，又可以控制福建沿海，它的腹地廣大，是荷蘭人建立海上絲路，掌控與中國和日本貿易的理想港口，因而企圖將其作為經營遠東的據點。

由於日本船隻往南航行，一定會經過台灣，台灣是日本船隻駛往南洋的中途站，可以在這裡獲得補給與休息，所以日本人早已在台灣活動。一六〇九年，荷蘭人對日本貿易，在日本平戶建立商館，一六一五年任職平戶商館館長的李奧納多・甘布斯（Leonald Camps）認為，日本已利用大員作為貿易據點，荷蘭應設法取而代之，否則將不利於其貿易。

一六二〇年後，荷蘭與英國在平戶聯合組成防衛艦隊（Fleet of Defence），巡弋台灣海峽，截獲了葡萄牙前往馬尼拉的中國船隻，一時台灣海峽戰雲密布，說明台灣海峽是貿易的重要航道以及歐洲國家角逐東亞貿易的情況。

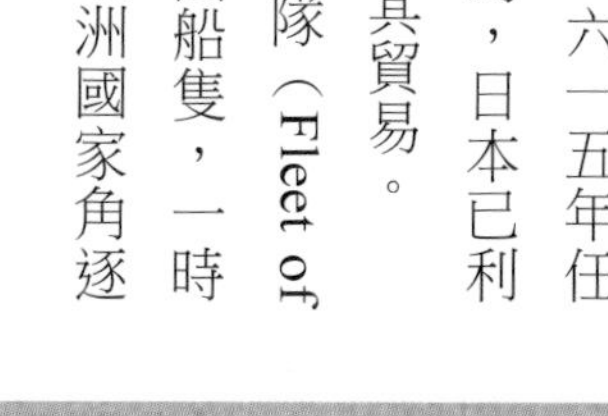

荷蘭聯合東印度公司（VOC）阿姆斯特丹會所旗幟，上方的A為阿姆斯特丹的縮寫，代表該船隻或設備是阿姆斯特丹所派出，底色為荷蘭國旗紅白藍。

蓬勃的海上貿易

荷蘭人是為了巨大的經濟誘因而來到台灣，他們在大員建立城堡，作為貨物的主要進出港口。依據台灣歷史學者林衡道的觀點，荷蘭人被中國的白絲吸引，希望利用台灣中途站的地理位置，從事中日間的轉口貿易；糖是白絲貿易的副產品，但是糖帶給荷蘭人巨額的利潤。一六二五年，依《巴達維亞城日記》的記載：「據說每年生產鹿皮二十萬張，以及大量的鹿脯與魚乾。」「每年中國有一百艘船進入大員，從事漁業，購買鹿脯運到中國。」荷據時期，台灣的轉口貿易在一六四〇年達到最高峰，該年台灣到日本的船隻有九艘，輸入日本的貨品價值約為五，六四五，八七〇盾，占輸入日本貨品總值約六，二九五，三六七盾的九十%左右。台灣的貿易船隻到達的地方有巴達維亞、暹羅、柬埔寨、印度與波斯等地。一六三七年進出的船隻約有一，三一一船次，當時來自金門與廈門等地的船隻每年約三百—四百艘。在一六四九年，荷蘭人在台灣的收益占該公司全球獲利的百分之二十六。

荷蘭人從大員獲得頗為豐富的利益。在一六二七年，有五艘貨船運送價值六二一，八五五基爾特（基爾特為荷蘭貨幣單位，約二十四萬美金）的生絲到日本，兩艘貨船運送價值五五九，四九三基爾特（二十二萬四千九百美金）的生絲到巴達維亞和荷蘭，每年與中國貿易的金額約一百萬美金。

一六六〇年（明永曆十四年），鄭成功入台前一年，台灣耕地面積合計一二，二五一摩肯（Morgan，荷蘭人計算土地面積的單位，一摩肯為八千五百一十六平方公尺）；除婦孺外，共有壯丁兩萬五千多名，並有一屯墾區。

建立熱蘭遮城

一六二三年（明天啟三年），荷蘭人從澎湖來到大員，即現在的安平，在台江內海其中一座沙洲的高地上建立一個簡單的據點。為維護這個據點的安全，一六二四年，荷蘭東印度公司在此地，以木板與沙土修築城堡，以荷蘭執政的王室奧倫治（Orange）為名，稱之為奧倫治城；到了一六二七年，又為強化防衛功能而改建，以荷蘭行省名澤蘭省（或譯熱蘭省），命名為熱蘭遮城（Zeelandia），於一六三二年完工。此座城堡的四角向外突出，並以荷蘭四個主要城市的名稱為城堡的四角命名，西南角的稜堡為Middleburch，東北角的稜堡為Vlissingen，東南角的稜堡為Camperveer，西北角的稜堡為Arnemuiden。

本文開頭提到二〇〇五年發行的安平古堡郵票，上面為什麼書寫著一六二四年，在這裡就可以得到了解答。原來安平古堡是建立在熱蘭遮城的遺跡之上，熱蘭遮城可說是今日安平古堡的前身；而熱蘭遮城建城的年代就是一六二四年，只是當時這座城並不叫熱蘭遮城，而稱為奧倫治城。在現在的安平古堡內，也還可以看到荷蘭人當年興建的熱蘭遮城的遺跡，至於熱蘭遮城為何成為遺跡，安平古堡又是何時建起來的？請讓我們一起追索下去吧！

熱蘭遮城在當年成為荷蘭人統治台灣和對外貿易的總樞紐，是荷蘭的行政中樞。荷蘭人在城內設立大員長官，為最高行政首長，總攬全島行政事務，並設有大員評議會，為最高決策機構。

熱蘭遮城築有三道城牆，採用近世歐洲城堡的典型設計，內城的四角為外突的稜堡，利於防守。城內有長官宅第、教堂、兵營、牢房。在城堡東方興建市街，即今台南市延平街一帶，作為貿易之用，這裡的商人往來頻繁，是商業區，這條街是台灣第一條街，又稱為台灣街。城堡和

日據時期的安平風景戳，上面有日期，可以用來銷票，視同日戳使用，油墨為紅色，以荷蘭人與戰船為圖案，表現出安平的特色。

市鎮中間有市場、屠宰場、高架刑場和市衡量所。在熱蘭遮城附近的一個小丘上另建一個小型要塞，作為護衛用，這個小型要塞稱烏特勒支堡（Utrecht），這個地方就是現在的安平公墓。

濱田彌兵衛事件

荷蘭人來到大員後，與原本住在大員的日本人在貿易上產生不少摩擦。大員是自由貿易地區，日本人較荷蘭人更早來到台灣從事貿易，荷蘭人來了之後，制定稅收制度，開始課稅。然而荷蘭貨物輸入日本享有免稅優惠，日本人在大員卻要向荷蘭人繳稅，這讓日本人覺得不公平，因此在台灣的日本人拒絕向荷蘭人納稅。

一六二六年春天，日本船長濱田彌兵衛帶領朱印船來台灣購買生絲，被東印度公司拒絕，濱田彌兵衛知道新港社原住民對東印度公司抱怨連連，他覺得這是個機會，而在一六二七年帶領該社十六名原住民到日本，向長崎代官末次平藏控訴荷蘭人的壓迫，並率十六名原住民以「高山國使節團」的名義晉見幕府將軍德川家光，促使江戶幕府採取反荷行動。朱印船是指經過日本官方許可進行貿易的船隻，這類船隻持有蓋著朱印的許可證，而與海盜船不同。

一六二八年六月二十九日，濱田彌兵衛再度來台，與荷蘭駐台總督彼得・訥次（Pieter Nuyts）發生衝突。他與彼得・訥次洽談時，找到適當時機，帶著六名同夥闖進其官舍，一位荷蘭軍官在日記中記載：「一六二八年六月二十九日，彌兵衛帶幾名日本人求見，希望長官允許他們返回日本，但遭到長官拒絕。一番爭辯後，彌兵衛突然暴跳如雷，像野貓撲老鼠，抓住訥次長官，同伴則協助綑綁長官的手腳，威脅不得聲張，否則人頭落地。」

在事件中，日本人挾持彼得・訥次之子 Laurens、商務員毛澤爾、范登、哈特曼（Hartman）、Moercoert 等五人為人質，乘坐日船；日方以濱田之子等五人為人質，乘坐荷船，於七月五日一起回航日

日據時期日本人為紀念濱田彌兵衛，在熱蘭遮城前豎立的石碑。現已為「安平古堡」碑所取代。

本，抵達日本後交換人質，並要求賠償生絲的損失，日荷兩國的關係因而降至最低點。荷蘭人因為日本關閉荷蘭在日本的商館，在經濟上蒙受重大的損失，因而將彼得・訥次撤職，綁赴日本，荷蘭人在日本的貿易才得以恢復。

一九三〇年，日本紀念荷蘭東印度公司在台灣建城三百年，在安平舉辦台灣文化三百週年紀念會，整修熱蘭遮城時，由當時的台南州知事川村直岡書寫「贈從五位濱田彌兵衛武勇之趾」幾個字刻在石碑上，豎立在安平，紀念這件事。二次大戰結束，日本人撤離台灣，我政府將石碑上的字塗掉，刻上「安平古堡」四個字。

這就是在本篇開頭郵戳上看到的「安平古堡」碑的由來，現在讀者們到安平旅遊，也還能看到「安平古堡」石碑。

安平砲擊

一六八三年，滿清據台後，政治重心轉移至府城內，將城堡改為軍裝局。

清領時期的台灣是全球最大的樟腦產地，樟腦生產量占世界的一半以上，樟腦是台灣主要的出口貨品，當時英國人獨占樟腦貿易，主要控制在英國的怡和洋行（Jardine, Matheson & Co.）和鄧特洋行（Dent & Co.）手中。一八六三年（清同治二年），清政府將樟腦收為官營，此項措施使英國人蒙受重大損失，英國商人強烈地表示不滿，向清廷要求取消專賣制度。一八六三年四月，英商威廉・畢克麟（William A. Pickering, 1840-1907）在台灣樟腦主要生產地之一的梧棲港大量收購樟腦，準備走私，被清廷查到並扣押；同年八月，威廉・畢克麟再度在梧棲港秘密收購樟腦，仍遭清廷的查扣，在查扣過程中，威廉・畢克麟拒捕而舉槍傷擊清廷官兵，雙方關係陷入緊張狀態，於是英國商人與清廷官員之間的衝突不斷。

一八六八年（清同治七年）三月，德記洋行經理哈智（Hardie）在打狗往府城的路途中，被台灣道衙門的官兵毆傷。同時，怡記洋行（Elles & Company）的樟腦，在台中市的梧棲港遭到清廷扣押。事情發生後，駐安平的英國領事約翰・齊普遜（John Gibson）向分巡台灣兵備道梁元桂提出抗議，清廷答應將樟腦交還給英領事保管。威廉・畢克麟作為怡記洋行代表，在前往梧棲港與清廷談判途中，被梁元桂的官兵襲擊受傷。該年九月，英國總領事以保護英商為由，正式向英國政府請求派兵到台灣。梁元桂得知後，馬上通知閩浙總督英桂。英桂派曾憲德赴台與英方進行談判。

同年十月二十九日，曾憲德到台灣，談判過程中，英方態度十分強硬，曾憲德不斷退讓。英方得寸進尺，曾憲德為守住最後防線而拒絕英方的要求。英國領事約翰・齊普遜向香港報告，駐香港的英國艦隊司令哈利・凱波爾（Sir. Halley Keppel）

下令海軍中尉淞豪・戈爾登（Lt. Thornhaugh P. Gurdon）率領砲艇亞節令號（Algrine）與普斯達號（Bustard）二艦，於該年十月抵達打狗，在打狗談判破裂後，轉往安平，砲轟熱蘭遮城，砲彈命中城內軍火庫，引起爆炸，摧毀城牆，並派二十五名士兵登陸占領該城，該城以後未再修復而成廢墟。

而後由安平仕紳黃景祺出面協調，雙方以四百萬兩作為保證金，英軍承諾不砲轟府城，並撤出安平，賠償一萬銀兩。清廷在英方的壓力下放棄樟腦的官辦制度。英國對約翰・齊普遜與淞豪・戈爾登的做法不滿，嚴厲譴責二人，歸還一萬銀兩的賠償金；清廷革職梁元桂。

安平砲擊事件是一起涉外事件，它是中國與歐洲兩種不同制度交會時，由於雙方對對方瞭解不夠，產生的摩擦。熱蘭遮城也在事件中受損。一八七四年，清朝欽差大臣沈葆楨來台灣處理牡丹

1875 年的熱蘭遮城素描，該城已傾倒，成為廢墟。

社事件，沈認為應修築砲台加強海防，此時熱蘭遮城已嚴重毀損，重要性不若以往，因而將外城的牆磚拆下，用以興建億載金城。

安平古堡的由來

一八九五年，台灣割讓予日本。一九〇〇年九月六日，日本人類學家伊能嘉矩來台灣做全島探勘，他在安平外海從船上遠望陸地，看到熱蘭遮城的遺址，讚嘆道：「真是一座海防要塞，在這裡修築砲台並非偶然。」一八七二年（清同治十一年），海關為導航之故，在熱蘭遮城上建立方形鐵製燈塔。一八九五年，日本人占領台灣，荷蘭人興建的熱蘭遮城已成廢墟，日本人將城垣鏟平，四周用紅磚修建矮牆，裡面興建日式平

日據時代的安平古堡，上面有燈塔以及海關宿舍，圖為當時的風景明信片。

房作為海關宿舍。至此，荷蘭建築的風格全失。一九〇九年，改建為圓形磚造燈塔，塔高從水平面算起為二十四公尺。一九三〇年，為紀念台灣文化三百週年紀念，拆除日式平房，改建展覽會館，紀念會結束後，改建為西式建築，作為海關宿舍。

一九三五年日本台灣總督府指定為重要史蹟，進行挖掘研究。現在將錯就錯的將之視為荷據時期的熱蘭遮城，命名為「安平古堡」，成為古蹟，是台南著名的觀光景點。

一九四五年，台灣光復後，熱蘭遮城駐有軍隊，並興建水泥方形的瞭望塔。

1957年8月20日發行的第175期愛國獎券，以安平熱蘭遮城為主題，圖中亦可見燈塔圖案。

一九六五年，安平海岸線西移，熱蘭遮城附近已看不到海，海關將燈塔遷移至現址。一九七五年拆除瞭望塔，興建目前菱形紅瓦白色水泥牆的景觀瞭望塔。

安平追想曲

一九五一年，台南流行音樂作曲家許石先生以小步舞曲的調子譜成一首樂曲，他希望有人為這首曲子填詞，而找到台南文人許丙丁，許丙丁向他推薦台北艋舺陳達儒先生。陳達儒過年時，陪太太回台南娘家，無意間聽到關於安平金小姐的故事，他依據許石的曲調，將這段故事寫成歌詞。

安平追想曲　　詞／陳達儒　曲／許石

身穿花紅長洋裝，風吹金髮思情郎，想郎船何往，音信全無通，伊是行船抵風浪？
放阮情難忘，心情無地講，相思寄著海邊風，海風無情笑阮憨，啊ㄟ不知初戀心茫茫。

想起情郎想自己，不知爹親二十年，思念想欲見，只有金十字，給阮母親做遺記，
放阮私生兒，聽母初講起，愈想不幸愈哀悲，到底現在生亦死，啊一伊是荷蘭的船醫。
想起母子的運命，心肝想爹也怨爹，別人有爹疼，阮是母親晟，今日青春孤單影，
全望多情兄，望兄的船隻，早日回歸安平城，安平純情金小姐，啊一等你入港銅鑼聲。

荷蘭船醫、金髮女郎，點出安平曾被荷蘭人占領以及為國際貿易港的歷史。這首歌完成後，受到大眾的歡迎，一直傳唱到現在，有人認為，這個故事為虛構的，有人認為，這個故事確有其人其事，這段具有傳奇色彩的故事，為安平平添一層謎樣的色彩，構成安平的另一種魅力。

許石先生為台南市人，出生於一九一九年，逝於一九八〇年，享年六十歲，他年輕時赴日本，就讀日本歌謠學院，二次大戰結束後隔年返台，他寫作過不少閩南語流行音樂，《安平追想曲》是最著名的一首。他在慈聖街的故居被列為「名人故

居」。

結論

安平是台灣與外界的接觸點，它是台灣的大門，外界的觀點經由這扇門進來台灣，隨著港口的淤塞，這扇大門的功能一直萎縮，它從國際港口降到漁港，然而，在台灣史上，仍然可以看到它掀起的浪濤。

《安平追想曲》人物塑像。（攝影：蕭文）

參考文獻

楊宏裕，《大台南的地形》，台南市：台南文化局，二〇一三年。
張炳楠監修，《台灣省通志・卷一・土地志・地理篇》，台中市：台灣省文獻委員會，一九七〇年。
翁佳音，〈府城無城牆時代的故事〉，收錄於《古城・新都・神仙府：台南府城歷史特展》，台南市：國立台灣歷史博物館，二〇一一年。
吳密察，〈清代安平的港口條件初探〉，收錄於《古城・新都・神仙府：台南府城歷史特展》，台南市：國立台灣歷史博物館，二〇一一年。
司馬嘯青，《台灣荷蘭總督》，台北市：玉山社出版事業股份有限公司，二〇〇九年。
曹永和，〈明代台灣漁業志略〉收錄於《台灣經濟史初集》，台北市：台灣銀行經濟研究室編印，一九五四年。
曹永和，《台灣早期歷史研究續集》，台北市：聯經出版事業股份有限公司，二〇〇〇年。
曹永和，《台灣早期歷史研究》，台北市：聯經出版事業股份有限公司，一九七九年。
林衡道口述，楊鴻博整理，《鯤島探源》，第五冊，台北縣永和市：稻田出版有限公司，一九九六年。
楊彥杰，《荷據時代台灣史》，江西：江西人民出版社，一九九二年。
曾華璧，〈釋析十七世紀荷蘭據台時期的環境探索與自然資源利用〉，《台灣史研究》，十八（一），二〇一一年。
蔡石山著，黃中憲譯，《海洋台灣：歷史上與東西洋的交接》，台北市：聯經出版事業股份有限公司，二〇一一年。
大衛森原著，陳政三譯著，《福爾摩沙島的過去與現在（The Island of Formosa, Past and Present）》，台南市：歷史博物館；台北市：南天書局有限公司，二〇一四年。
費德廉、蘇約翰主編，羅效德、費德廉譯，《李仙得台灣紀行》，台南市：國立台灣歷史博物館，二〇一三年。
伊能嘉矩著，楊南郡譯註，《台灣踏查日記》，台北市：遠流出版公司，二〇一二年。
戴月芬著，《明清時期荷蘭人在台灣》，台北市：台灣書房，二〇一二年。

輯二

夕照滿城紅

——赤崁樓

從地標融入生活的赤崁樓

赤崁樓幾乎成為台南的標誌，它出現在郵票上的時間也是最早、次數最多。造成它舉足輕重的重要地位，是出於它的地理位置與歷史背景，它在各個時代，扮演不同的重要角色。在日本時代，就開始有以赤崁樓為圖案的風景郵戳，一九五四年，它出現在航空郵票上，這是赤崁樓首度登上郵票的舞台。之後，赤崁樓陸續出現在各時期的風景郵戳上，愛國獎券與印花稅票上也能看見赤崁樓的身影。

身處夕照中的赤崁樓

十七世紀初期，台灣西部有一連串的沙丘，長約三哩半，寬約四分之一哩，這些沙丘各自獨立，這一連串海岸沙洲隆起在海面，宛如鯨魚的背部，故稱鯤鯓。鯤指鯨魚，鯓指鯨魚的背部。沙洲的命名以阿拉伯數字冠在鯤鯓前，由北而

從左邊日本時代的風景郵戳與右邊 1954 年的航空郵票對照，可看出赤崁樓的外型已有不同。

▲從上面兩個風景郵戳與時間對照，可知不同時期的赤崁樓樣貌。

▶▲從第 43 期到 332 期可知，以赤崁樓作圖案的愛國獎　發行了一段時間。

南，最北端的一個沙洲，稱為鯤鯓或一鯤鯓，最南端者為七鯤鯓。

十七世紀初期的海岸線在今台南市西門路一帶，當時的潮水逼近赤崁樓。這片海水的西側是一連串的沙洲，這是由沙洲圍成的一大片潟湖內海，稱大海灣，後來稱台江內海，簡稱台江。台江內海的範圍，大抵北起漚汪溪口（今將軍鄉山子腳西邊），南至二層行溪口，東西寬約五公里，南北長約三十公里，面積達一萬五千公頃，它是位於安平與台南間的內海，兩岸的距離約四公里，水深三至十四公尺，它並不深，以沙地為主，所以船隻航行不便，容易擱淺。傍晚時，登上赤崁樓能看見台江倒映著橙黃色夕陽，景色優美，使得「赤崁夕照」成為當時相當有名的景點。清朝時期，有不少官吏來到此地，觸景起興，寫下了不少詩篇。像是清乾隆年間的巡台御史立柱的「赤崁高凌夕照紫，金雞遙映曉霞紅」，和清乾隆年間的巡台御史錢琦的「孤城百尺壓層波，一抹斜陽傍晚過」，都是「赤崁夕照」的寫照，由於海水西退，台江由於淤積而陸化，這個景象再也看不到了。

荷蘭時期，台江內海外的大員是個沙洲島，腹地和資源有限，一六二五年，人口增加造成飲水與交通等問題，該年，荷蘭駐台灣長官宋克（Martinus Sonck）向巴達維亞城總督呈遞報告：「目前公司商館所在地，僅為一砂地，無清水，其他不便之處尚多，不適居住；反之，本島則甚方便，又因中國人、日本人及他國人民，將漸增加……，於新港領內，選定沿淡水河川方便之處……，決定命名為普羅民遮。」決定在大員對岸，被之後漢人稱為赤崁的地方，土地廣闊肥沃，有許多野生動物，發展條件佳，決定在這裡建城，以解決大員的問題。但這個決定並沒有馬上落實，一直到了一六五二年郭懷一事件後的隔年一六五三年，開始動工並於同一年建造完成。

又名赤崁的普羅民遮城

一六五三年，荷蘭人在大員的對面購地建築新的城堡，為紀念荷蘭的聯合七省（Provintia）共和國，而將這個城堡命名為普羅民遮城。普羅民遮即行省。這裡原本是平埔族人的聚居地，這裡的平埔族人

從這張日本時代的風景明信片，可以比較上面的郵戳更能看出當時赤崁樓的樣貌。

為Saccan社，荷蘭人用羅馬字拼音寫成Sakam，所以之後的漢人便將這個字音譯為「赤崁」，於是普羅民遮城又被漢人稱為赤崁樓。由於荷蘭人的頭髮為棕色，又稱紅毛樓。

普羅民遮城與熱蘭遮城隔著台江遙遙相望，熱蘭遮城為荷蘭總督的行政中樞，普羅民遮城為行政及商業中心。為聯絡方便，在這兩座城間行駛固定班次的渡輪，這是台灣最早的渡輪。這個渡輪由漢人經營。荷蘭人在普羅民遮城附近建立十字形街道，是台南最早的街道，荷蘭人在街道附近興建倉庫、官舍、醫院、磚窯以及牲畜的廄房以及民房，隨著商業的興盛與人口增加，這條街道向東延伸。這條東西走向的街道後來發展成現在的民權路與東門路，南北向的街道就是現在的忠義路。

一張牛皮的謠傳

荷蘭人在赤崁購地建城並不順利。據說，荷蘭人找當地的平埔族酋長表示他們想要買一塊地，酋長說他什麼都可以賣，就是土地不能賣，因為土地是祖先留下來的重要資產，不能買賣。荷蘭人想既然如此，先擱下這件事，而與酋長喝酒，將酋長灌醉後，拿出契約書，對醉醺醺的酋長說，他們只要一張牛皮大的土地。酋長認為一張牛皮大小的土地沒什麼大不了，便簽了字。第二天，酋長酒醒後，看到外面有不少荷蘭人在蓋房子，就質問那位荷蘭人：「昨天晚上我答應的是一張牛皮大的土地，你為何毀約？」那位荷蘭人將牛皮剪成一絲絲的，圍成一個圓圈，對酋長說：「這就是我買的土地。」這就是一張牛皮的故事。這個故事不是事實，但為赤崁樓平添幾許趣味性。事實是，荷蘭在台灣的第一任長官宋克，在台江東岸花了十五疋棉布，向新港社人在大井頭附近買下一塊地建城，稱普羅民遮城。

郭懷一事件

隨著荷蘭人在台灣的時間增長，他們增加課稅的名目，還包括人頭稅。這些繁瑣的課稅逐漸增加民眾的負擔，生活更加辛苦，此時漢人的人口不斷增加，他們的力量不斷增強，對荷蘭人的不滿與衝突隨之而增加。一六五二年，有一位名叫郭懷一的漢人聚眾與荷蘭人對抗。郭懷一率領的約五千名群眾，他們沒有受過軍事訓練，也沒有武器，他們不是荷蘭人的對手，再加上郭懷一的一位親戚與漢人頭目向荷蘭人通風報信，他們受挫之後，往南逃到二層行溪（現稱二仁溪），雙方在大湖這個地方奮戰了七晝夜，最後有四千多漢人戰死。這個事件稱郭懷一事件，是荷蘭據台三十八年間最大的民變。這次事件後，荷蘭人感受到很大的威脅，次年，荷蘭人以紅磚為主要建材，用糖水、糯米汁，攪拌蠔殼灰作黏接劑，建造城牆，這是荷蘭人築城的方法，熱蘭遮城亦如此。該城城牆約高一百四十一公尺，上面建城樓，樓高十公尺半，南北角設瞭望台，還有古井與地窖兩所，能夠儲存糧食並預留水源，作為戰時的準備，以強化該城的防衛。

從荷蘭手中起飛的農業

荷蘭時代，台灣已經有漢人，他們是季節性地來到台灣，以捕烏魚與向原住民購買鹿皮為主要目的，沒有長期居留的打算。因此當荷蘭人發現台灣土地肥沃，且陽光充足、氣候溫暖，有著冬夏溫差大的特色，非常適合發展農業後，便打算從福建招募漢人來台灣從事農業。而荷蘭人之所以不找原住民的原因在於，雖然原住民有農業，但還是屬於原始農業的階段，主要是以放牧為主，無法滿足他們的需求與政策。於是荷蘭人便在赤崁附近成立了屯墾區，由荷蘭人提供土地、農具與資金，讓漢人出勞力，以種植稻米與甘蔗為主，並享有免予繳納什一稅的優惠。

荷蘭政策的成果，可由一六三六年十一月二十六日《巴達維亞城日記》中記載的：「在赤崁地方，中國農夫繳交公司而運送日本的糖，白糖有一萬兩千零四十二公斤，黑糖有十一萬零四百六十公斤，並且栽培愈盛，明年預定生產三、四十萬公斤。」看出成效良好。從此之後的產量，到了一六四五—一六五七年間，甘蔗年產量甚至由一五，〇〇〇擔增至二〇，四三三擔，讓蔗糖成了主要的外銷品，銷往日本、波斯等地。

荷蘭人來到台灣是航海造成的第一波全球化。在這波全球化的浪濤下，台灣人從荷蘭人學到重商主義觀念，將台灣的農產品銷到世界各地；台灣由於鄰近中國大陸以及位於日本與東南亞航道的中央位置的優越地理位置，被推上國際舞台，這個優越的地理位置一直持續到二十一世紀。

明鄭時代的聯想

一六六一年四月，鄭成功登陸占領普羅民遮城，此後九個月，這個地方成為鄭成功的行政中樞，他在這裡設置承天府，設立天興與萬年兩縣。該年年底，鄭成功占領熱蘭遮城，荷蘭人下旗歸國，鄭成功將行政中樞遷移到熱蘭遮城，赤崁樓作為儲存軍火的軍火庫。一七二一年三月，福建漳州移民朱一貴不滿清朝政府，率眾反抗，定國號為大明，建元永和，一般人稱他中興王，因為他在鴨母寮養鴨為業，俗稱鴨母王。鴨母寮在現在的高雄內門。安平與府城為朱一貴對抗清軍的戰場，後來朱一貴戰敗，向清軍投降，被押解到北京處死。清政府感到府城的威脅不來自外，而來自內，下令在府城修築城牆。

清朝時的赤崁樓

一八六二年（清同治初年），為鎮壓紅毛蕃的邪氣，而在赤崁樓上建立中國式建築大士殿。一八七四年，清廷派沈葆楨到台灣處理牡丹社事件並籌辦海防，他的工作順利，認為受到海神的護佑，奏請興建海神廟；一八七八年，知縣潘慶辰奉令興建，次年完工。一八八六年（清光緒十二年），知縣沈受謙為振興文教，興建文昌閣、五子祠（祭祀朱熹、程頤、程顥、張載、周敦頤）與蓬壺書院。至此，荷蘭時代的赤崁樓風貌全失，成為一中國風格的建築。赤崁樓與熱蘭遮城相同，只有基座保持原貌，基座以上不再是原貌。後來，將蓬壺書院遷到赤崁樓右側，一九〇六年毀於地震。一九一二年的颱風，吹垮五子祠，未再重建。

康熙年間，福建漳州龍溪連興位渡海來到府城，定居在寧南坊馬兵營附近，這個地方是後來的台南地方法院附近。連興位是連雅堂的開台祖先。連雅堂胞兄連成璧是一位詩人，他來到赤崁樓感觸很多，而寫下〈崁城秋望〉：「赤崁城外捲西風。千里秋光一望中。西嶼霞飛迷落雁。鯽潭月冷聽寒蟲。蕭蕭落葉山俱老。滾滾驚濤水向東。滿目河山無限感。大鯨歸去霸圖空。」大鯨指鄭成功。

日本時代的建築再利用

在一八九七年日本時代的台灣，日本人利用赤崁樓，設立日本陸軍台南衛戍病院；一九一七年（日大正六年），日本台灣步兵第二聯隊在台南東北邊新建的衛戍病院舍完工後，遷離赤崁樓。

在日本時代被設立成日本陸軍台南衛戍病院的赤崁樓。圖片上方的建築由右而左，海神廟、文昌閣、五子祠，五子祠已毀，現存海神廟與文昌閣，攝於1917年。

新建的衛戍病院舍在台灣光復後，為陸軍訓練司令部軍醫院；一九六〇年更名為陸軍第八〇四總醫院，俗稱四總醫院；一九八七年，陸軍第八〇四總醫院遷到桃園，該院舍閒置一段時間後，二〇〇〇年移交給成功大學，成為成功大學力行校區。一九一八年到一九二二年，日本台灣總督府在這裡設立台灣總督府國語學校台南分校，該校為今日台南大學的前身。一九三五年，日本台灣總督府指定赤崁樓為重要的史蹟，陸續進行整修與發掘研究。所以，赤崁樓在荷蘭時期與明鄭初期為行政中樞，日本時期先後為軍醫院與學校。一九四二年，大幅度整修赤崁樓，保留文昌閣與海神廟。

在日本時代作為台灣總督府國語學校台南分校校舍的赤崁樓。

民國時期

台灣光復後，赤崁樓作為台南市歷史館。一九六三年更名為台南市民族文物館。一九六五年，台南市民族文物館遷到延平郡王祠的鄭成功紀念館內。一九六六年，整修赤崁樓，將木材建築的文昌閣與海神廟，改用鋼筋水泥，成為現在的樣子。

一七八六年（清乾隆五十一年），林爽文在彰化起事，攻陷彰化、諸羅（今嘉義）等地，台灣總兵柴大紀奮勇作戰，保衛住台南府城，乾隆皇帝派福康安率兵增援台灣，平定亂事。一七八八年（清乾隆五十三年），乾隆皇帝立石碑記載這件事，同時褒揚福康安的戰功，以漢滿文分別鐫刻，各四件，兩件為漢滿文合刻，共計十件，由於是乾隆皇帝下令製造的，稱乾隆記功碑或御龜碑；碑文記載福康安的功績，又稱福康安記功碑；其中九件陳列在府城，一件陳列在嘉義。陳列在府城的九件石碑展放在福康安生祠，依據《南瀛佛教》第十一卷第五號記載，該生祠「在寧南坊、郡學宮之南、西向、乾隆五十三年奉敕建」，這個地方應在現在的南門路附近，一說是中廣台南台附近，一說是台南女中附近，一說是台灣銀行宿舍附近。一九三五年，生祠倒塌，石碑移到大南門甕城內。一九六〇年遷移至此，現在成為赤崁樓著名的標記。碑石及龜座在廈門鐫刻，使用的石材一說為金門烈嶼的花崗岩，一說為泉州的石材；運抵台南府城港口，大船換小船時，其中一個龜座不慎掉入港內，另外以砂岩仿造，置於嘉義。一九一一年，台南漁民撈起掉落在港內的龜座，將之供奉在台南保安宮。這一字排開的御龜碑，馱碑的並非龜，而是龍九個兒子之一，名為「贔屭（ㄅㄧˋ ㄒㄧˋ）」，傳說中善馱重物，因此常被用來作為碑的底座。

二〇一七年三月二十八日，郵局再度以赤崁樓為圖案發行郵票，並重刻赤崁樓風景郵戳，郵票與郵戳圖案都可以看到這一字排開的乾隆記功碑。

結論

赤崁樓先後做過行政中樞、醫院、教育機構以及史蹟館，不同時代有不同的功用，展現其多元化的身世。

現在赤崁樓已看不到海，看到的是一棟又一棟的樓房，「赤崁夕照」已是遙遠的過去，這棟建築橫跨荷蘭、明鄭、清朝以及日本時期，它是台南的歷史標記。

2017 年 3 月 28 日，郵局再度以赤崁樓為圖案發行郵票，並重刻赤崁樓風景郵戳。

參考文獻

許清保，《大台南的港口》，台南市：台南市文化局，二〇一三年。
翁佳音，〈府城無城牆時代的故事〉，收錄於《古城・新都・神仙府：台南府城歷史特展》，台南市：國立台灣歷史博物館，二〇一一年。
司馬嘯青，《台灣荷蘭總督》，台北市：玉山社出版事業股份有限公司，二〇〇九年。
許極燉，《台灣近代發展史》，台北市：前衛出版社，一九九六年。
伊能嘉矩著，楊南郡譯註，《台灣踏查日記》，台北市：遠流出版公司，二〇一二年。
張溪南，《明鄭王朝在台南》，台南市：台南市文化局，二〇一三年。
湯錦台，《大航海時代的台灣》，台北市：果實出版社，二〇〇一年。
黃富三，〈第一波至第二波全球化的衝擊：港市安平的興與衰〉，收錄於《海洋古都：府城文明之形塑學術論文集》，新北市：稻鄉出版社，二〇一二年。
楊彥杰，《荷據時代台灣史》，江西：江西人民出版社，一九九二年。
蔡郁蘋、吳建昇，〈荷治時代的大台南〉，收錄於吳建昇等著《大台南的前世今生》，台南市：台南市文化局，二〇一三年。
程大學，《台灣開發史》，台北市：眾文圖書股份有限公司，一九九一年。

輯三

海島上的國王

——鄭成功

揮舞二十二年的鄭氏大旗

台灣在荷蘭時代這段時間，滿人與漢人正在爭奪中國大陸的領導權，戰事烽火連年，漢人屈居下風，大半個大陸都落入滿洲人手中。一六五〇年代，鄭成功北伐圍攻南京失利，不得不退守廈門與金門，這兩個地方腹地狹小沒有發展空間，因此鄭成功轉而將注意力放到台灣。台灣的腹地廣大，又隔著台灣海峽與大陸相望，台灣海峽是台灣天然的屏障，鄭成功認為台灣是理想的據點，如他自己所說：「附近無可措足，惟台灣一地離此不遠，暫取之，並可以連金、廈而撫諸島，然後，廣通外國，訓練士卒，進則可戰而恢復中興，退則可守而無內顧之憂。」因此揮軍指向台灣。

崙仔頂是荷蘭人投降的地方，地點在台南市東門圓環，現在是一座公園。（攝影：蕭文）

此時，鄭成功獲得鄭芝龍舊部屬，在荷蘭東印度公司擔任通譯與會計的漢人何斌的協助，瞭解荷蘭人的兵力部屬與台灣的地理，這些資訊增強他攻打台灣的信心。何斌的庭院位於現在民權路與公園路交叉處東北角，清朝時出售給鹽商吳尚新（一七九五—一八四八），日據時代，日本政府在此修建台南公會堂，台灣光復後改為台南社會教育館。

6　中華民國八十五年六月份　第 142 冊
藝文活動表

台南人——百年老照片

東門圓環
文◎杜美　攝影◎林金河

您可曾去過西門圓環或東門圓環內吃府城道地的小吃嗎？
您知道嗎？日本佔據臺灣五十年；除了有計劃的改造都市環境，在一九四一年陸續拆除原有的城鎮兼具防禦功能及象徵意義之城牆；並且爲了打破臺灣人「結社」與傳統的廟會聚落生活形態，並未完全尊重原有城市之脈絡，藉由市區改正與都市計劃之實施，習自西方之格子狀道路系統與圓環等新的都市空間被迫植入臺灣城市之中。
此圖乃由攝影家林金河先生在民國五十八年所拍攝，當時東門圓環正計劃興建快速高架橋，圓環拆除前一天的都市風貌。
（財團法人台南市文化基金會提供）

- 火警時，不可進入火場搶救財物，以免發生危險。
- 不可在床上吸煙，以免引起火災。

■本活動表免費索取，如須郵寄，請附貼足郵資之回郵信封十二份，詳填姓名、住址，以免遺失，逕寄本中心推廣組收。

台南市立文化中心
TAINAN MUNICIPAL CULTURAL CENTER
台南市中華東路三段三三二號　電話／(06)2692864(代表號)
行政革新專線／(06)2897913　傳真／(06)2697134　編輯：謝順勝

1996 年 6 月以東門圓環為封面圖案的台南市文化中心藝文活動表。

但此時已在台灣的荷蘭人，勢必不會輕易地將台灣拱手讓人，所以鄭成功是如何在崙仔頂這個地方擊退荷蘭人，又是運用了什麼計策，攻下熱蘭遮城與普羅民遮城？崙仔頂又是什麼意思呢？

敗給自己的荷蘭人

當時在台灣的荷蘭人早已風聞鄭成功會進攻台灣，因此東印度公司總部巴達維亞派遣范德蘭（Jan van der Laan）率領十二艘軍艦以及六百多名士兵前來台灣，這幾乎是巴達維亞所能出動最大的兵力。但收到的訊息畢竟只是傳聞，所以巴達維亞以出師花費龐大為由，設定了另一個目標：若鄭軍沒來，就轉攻澳門。巴達維亞給范德蘭的指示為：「我們派相當可觀的船與人力支援福爾摩沙；若發現國姓爺準備攻台是謠言……，回程時就進攻澳門，以免船隻空跑……。在大員與澎湖附近，需接受大員長官與議會的指揮……。」但巴達維亞卻沒有想到，這兩個目標成為了之後自己陣營產生紛爭的導火線。

范德蘭到達台灣後，與在台灣的總督揆一（Frederick Coyett，在台期間一六五六—一六六二，為末代台灣總督）不合，鄭軍又按兵不動。此時范德蘭為了避免艦隊空跑台灣，便欲轉攻澳門，於是荷蘭人的意見開始產生分歧，而分為留守台灣以及進攻澳門兩派。因為這兩派相持不下，所以荷蘭人派遣了一位信使到廈門，打算瞭解鄭成功的動向，但沒想到這個舉動被鄭成功抓住，並利用雙方資訊不對等的狀況虛張聲勢，誤導荷蘭人。鄭成功對這位信使表示：「韃靼大舉南下，在我方痛擊下，損失慘重，潰不成軍，我軍離開廈門前往金門，目的在將殘破的廈門留給敵人。」在鄭成功下了這一著高超的棋後，荷蘭人不瞭解狀況，誤信鄭成功所言，導致荷蘭人內部的衝突愈為激烈。最後，范德蘭在忿怒之下，將軍艦帶走，只留下兩艘軍艦協防台灣，一艘三桅帆船與一艘快艇。荷蘭人設定兩個目標的計策而造成的內鬨，以及派人直接與鄭成功接觸，欲瞭解鄭成功動向的錯誤決策，都是始料未及的，而為鄭成功攻台創造了一個有利的機會。

鄭氏與荷軍的第一次攻防

一六六一年，鄭成功曾兩次致荷蘭大員長官揆一書信，希望能勸降荷蘭人。鄭成功在書信中表示：「台灣者，早為中國人所經營，中國之土地也。……今予既來索，則地當歸我。」強調，台灣原本就是在中國政府的統治之下，島上的居民都是中國人，他們自古就占有這個地方，荷蘭只是借用該地而已。但最後勸降不果，於是鄭成功便決定在該年三月二十三日中午，自金門料羅灣率領四百艘船艦渡過台灣海峽，於隔日三月二十四日進入馬公，在澎湖等待。進攻當天是四月三十日的早上七點半，當時海上濃霧迷漫，鄭成功的四百多艘船艦出現在鹿耳門水道外，老天似乎特別眷顧鄭軍似的，此時海水適逢漲潮，鄭軍便利用海水高漲的機會，並在任職於東印度公司的漢人員工何斌引導下，成功進入了鹿耳門水道，抵達台江內海，在台江與荷蘭軍艦海戰，擊沉配備先進火砲的荷軍主力戰艦赫克托號（den Hector），其他荷艦逃之夭夭，鄭成功取得台江內海的控制權，並在鹿耳門順利登陸。

但此時的荷蘭人並沒有投降，隔天五月一日荷軍軍官湯瑪斯・貝德爾（Thomas Pedel）率領二百四十多人襲擊北線尾的鄭軍，以失敗作結，他自己也在北線尾陣亡。隔兩日五月三日，熱蘭遮城長官揆一又另外派艾爾篤率領兩百多人援助，但由於港內水淺難渡，最後無功而返。

為何鄭成功選擇在鹿耳門登陸？鹿耳門掌控進入大員的水道。清朝順天府大興縣（今北京）人黃叔璥（一六八二—一七五八）出任首任巡台御史，一七二二年抵台，他有一本記錄台灣山川地理與風土民情的書《台海使槎錄》，這本書的〈赤崁筆談〉記載：「鹿耳門為用武必爭之地，以入港即可以奪安平而抗府治也。」又寫「澎湖為台灣之門戶，鹿耳門為台灣之咽喉……，」一六九六年，浙江仁和的郁永河由福州來到台灣採硫磺，順便遊歷各地，一六九八年，他將旅遊觀感寫成一本書《裨海紀遊》，該書收錄一首他寫的〈台灣竹枝詞〉，詞中描寫鹿耳門的地勢：「鐵板沙連到七鯤，鯤身激浪海天昏；任教巨舶難輕犯，天險生成鹿耳門！」

如同甕中之鱉的荷蘭人

鄭成功的船艦駛入柴頭港溪，在北岸的禾寮港（Smeerdorp）登陸，Smeer-drop 的荷文意思為油脂之村，地點應為現在永康的洲仔尾或油車行附近。《梅氏日記》在一六六二年四月三十日的記載：「他們的士兵在距離普羅岷西亞約十五分鐘路程，約一公里半的 Zantecang 的磚窯旁邊登陸。」內文的 Zantecang 指的即是柴頭港，位於今日台南市北區開元寺附近，而禾寮港位於開元寺與洲仔尾間。會有這樣的差異，可能是因為鄭成功部隊人數眾多，由不同地點登陸所致。

鄭成功在部隊登陸後，經過府城東部的哈赫拿爾森林（Hagenaer Bo-sch），包圍普羅民遮城，同時截斷了與熱蘭遮城的通路。當時鄭的部隊曾駐紮在 Caron 橋以及 Langkjeeuws 附近，Caron 就是今日的延平市場一帶，而 Lankieuw 該地則是《梅氏日記》中記載的 Jan Soe 農莊。江樹生譯的《梅氏日記》對鄭軍的記載：「敵軍全副武裝，士氣高昂的從位於新港車路旁的 Jan Sou 的農園，越過高地，擊鼓吹笙行軍而來，其中有幾個騎馬的。他們的軍隊有數不完的漂亮絲質旗幟旛旒，頭戴光亮的頭盔，手握大刀，迅速沿 Inding 的路，經過哈根那森林，來到海邊的小森林，在普羅岷西亞北邊，公司的庭園小溪後面紮營，在那裡搭起上千個白色帳棚，時間是下午一點半。」裡面所說的 Inding 路位於府城東區，呈馬蹄形，應為現在的東門路、中華東路以及開元路附近。而 Inding 之名的由來，則是因為台南的地形如同一頭蹲踞的鷹，東面的台南台地是府城地勢最高之處，所以中文名字為鷹頂。

攻下王國的第一塊領土

在鄭成功截斷了兩城的通路，使得兩座城堡各自孤立，無法互援的狀況下，儘管普羅民遮城的荷蘭人想抵抗，也沒有戰力抵抗。但此時的荷蘭人又不願意物資落入鄭軍手中，於是就一邊發砲抵抗，一邊焚燬物資。荷蘭人當時的命令，可以在楊英的《從征實錄》記載中看到：「是晚，赤崁城首長猫難實叮發砲擊我營盤，並焚馬廄、粟倉。其赤崁街係我民居草厝。」另外於江樹生譯的《梅氏日記》中也記載：

「派掌旗官 Jan Lamberts 執行這個任務（指燒燬糧倉免被鄭軍利用），他遂帶六十個人出去，到普羅岷西亞市鎮，從沿海的房子放火燒起，燒了該市鎮約四分之一的房子。」雖然在過程中受到了荷蘭人如此激進的抵抗，但最後終於在五月四日下午五時左右，荷蘭守軍在糧盡援絕的情況下，在城裡升起了一面有龍獅圖案的中國黃旗，守將萬倫坦向鄭軍投降。梁啟超的〈赤崁城〉：「三百年前事。重重入眼明。天開一柱觀。月照受降城。胡虜到今日。兒童識大名。孰非軒頊裔。哀此乞塵氓。」描繪出了當時的情形。

鄭成功的軍隊在攻下內陸的普羅民遮城後，循著陸路攻打位在半島前端的熱蘭遮城，從五月五日包圍該城後，在歷經九個多月後才攻下熱蘭遮城。而之所以能在九個月就攻打下來的原因，是因為在十二月十六日那天，荷蘭的一位日耳曼籍中士雷狄斯逃到鄭營，告訴鄭成功熱蘭遮城內的情況，並表示如果想攻取熱蘭遮城，必先得取下其衛星碉堡烏特勒支堡（位於今安平第一公墓），因為只要奪取該碉堡後，就可以以居高臨下的砲擊，攻擊熱蘭遮城最脆弱的四角附城。鄭成功在得到這位中士的情報後，便開始準備進攻烏特勒支碉堡。終於在隔年的一六六二年一月二十五日，鄭軍於鯤鯓半島發動總攻擊，以大砲不停轟擊，當日即發出二千五百發砲彈，其中一千七百發左右打向烏特勒支碉堡，幾乎將之夷為平地，荷蘭守軍也因此被迫必須自行炸燬碉堡殘餘的部分向後撤退，而烏特勒支碉堡的失守，也徹底瓦解了熱蘭遮城內守軍的士氣，所以這場戰事最終就在攻下烏特勒支碉堡不久的兩天後，於大員評議會決定議和談判。所以，鄭成功是以大包圍的方式，先後攻下普羅民遮城與熱蘭遮城。

此次議和談判，鄭成功派他的翻譯同時也是土地測量員與《梅氏日記》的作者，菲利普（Philippus）擔任翻譯與傳達，但由於荷方的回信延誤，導致鄭成功懷疑菲利普與荷蘭人暗通款曲，所以在一月三十日下午，鄭成功將菲利普帶到鯤身島上的一個沙丘上，命令劊子手站在他身後，大聲斥責他。不過幸好的是，斥責結束後劊子手便直接離開，沒有處刑，而此時菲利普也才注意到劊子手手中拿的是紅色的棍棒，而非大刀，原來鄭成功並沒有要殺他，只是在嚇唬他。

為何鄭成功採取大包圍方式，在府城的東邊登陸，由東往西圍攻荷蘭人駐守的赤崁城？

答案是，府城是一個由東往西傾斜的台地，若從中正路、民權路、民族路與民生路騎腳踏車自東往西，很輕鬆，甚是不踩踏板，車子會自動滑行，因為這是下坡路段；若從這幾條路騎腳踏車自西往東，會很吃力，必須猛踩踏板，因為是上坡路段。鄭成功的軍隊在府城的東邊登陸，占據制高點，可以仔細觀察赤崁城的情況；

再者，府城東部水資源豐富，府城的河流大都發源於東部，譬如柴頭港溪、德慶溪、竹溪、枋溪，其源頭都在東部，因此，東部豐富的水資源可以充分供應大軍所需，無虞匱乏。若鄭成功從台江東岸登陸，將是仰攻，仰攻不利攻擊部隊，而且腹背受敵，是作戰的大忌。此乃鄭成功採取大包圍方式，在府城的東邊登陸，由東向西攻擊的原因，這是很高明的戰略。

撤離台灣的荷蘭人

荷蘭人與鄭成功談判共歷時五天，過程中因為荷蘭人戀戀不忘大員優越的地理位置，提出希望能留在大員的要求，以維護荷蘭在大員的利益，但鄭成功堅持荷蘭人必須全部離開台灣，否則以武力解決。談判的最後，在同年二月十二日，熱蘭遮城長官揆一在崙仔頂（今台南市東門圓環），向鄭軍獻城投降，並簽訂協議十八條，才使得荷蘭人安全離開台灣。

崙仔頂即地勢較周圍為高的地方，大約在現在的新樓醫院與神學院附近。一九五〇至一九六〇年代，該地的西側是個市集，為圓形，稱東門圓環，外面圍著一圈藍色鐵皮，裡面有商店與小吃，到了約一九七〇年代中期後，拆除外圍的鐵皮，

▲當時的崙仔頂，右方插著旗幟的是普羅民遮城，遠處可以看到海以及船艦，鄭成功於此接見荷蘭代表商務員 Thomas van Iperen 與稅務員 Leonard de Leonardus。

▲1960 年代末期的東門圓環，裡面是市集，外面圍繞著一圈藍色鐵皮。

遷移裡面的店家，成為一個小公園。

一六六一年四月，荷蘭傳教士安東尼奧斯・亨伯魯克（Antonious Hambroek）及妻子與兩位女兒等一行人，從新港社前往大員途中，被鄭成功俘虜，成為鄭成功的人質。五月二十四日，鄭成功請安東尼奧斯・亨伯魯克前往熱蘭遮城勸降。安東尼奧斯・亨伯魯克到了熱蘭遮城，告誡荷蘭守軍不要投降，要抵抗到底，守軍將領揆一勸他留在城裡，他另兩位留在城堡的女兒亦苦勸他留在城堡，不要回到鄭軍軍營，安東尼奧斯・亨伯魯克陷於兩難中，他的女兒問他，為何要冒這個險；他反問兩位女兒，是否希望他愛惜自己的生命，而賠上同胞與母親的生命；最後，他不願意由於失信，牽累到其他荷蘭人，而回到鄭成功那裡覆命；安東尼奧斯・亨伯魯克理性而冷靜的告訴鄭成功，荷蘭人會戰至最後一兵一卒。依據《熱蘭遮城日記第四冊》的記載：五月二十四日「牧師 Hambroek 進來城堡以後，把國姓爺交給他帶來的信交給長官閣下，然後由長官閣下召開他的議員大會打開這封信」。（長官指的是揆一）五月二十五日「下午四點鐘，Hambroek 與 Osseweijer 要辭行的時間到了。他們把昨天增訂，要寫給官員國姓爺的那封信交給他們……。他們步行離去……。當他們走到最前方的林投園幾個中國人那裏的時候，牧師 Hambroek 恭敬的向他們彎腰鞠躬，然後在一面白旗下繼續前進，走出我們的視界。」Osseweijer 為荷蘭秘書，與 Hambroek 一起進入熱蘭遮城，後來在新港被斬首。十月二十四日「很多荷蘭人在新港被斬首，包括牧師 Hambroek」。二月六日「Hambroek 牧師的妻子和女兒進來熱蘭遮城堡」。一六六二年二月十一日「Hambroek 的妻子昨晚已經去世，她已從悲哀進入安樂」。Hambroek 的妻子為 Ann Vincentamoy。一七七五年，荷蘭劇作家 Joannes Nomsz（一七三八—一八〇三）將安東尼奧斯・亨伯魯克不屈不撓，勇於自我犧牲的感人故事，編為戲劇《安托紐斯・韓不爾克——台灣的包圍》（*Antonius Hambroek, of de Belegering van Formoza*），劇中敘述鄭成功看到安東尼奧斯・亨伯魯克的未婚女兒清秀漂亮，而收為妾，應為製造劇情的張力而杜撰的。少部分荷蘭婦女留在台灣，納入東門林家戶籍。所以在一九五五年，福建漳州的明清以及台灣史專家黃典權，在現在的東門路與慶東街角的林厝內的祖先牌位內，發現有荷蘭文。

最後揆一帶著一千多名荷蘭人與其眷屬離開台灣，回到巴達維亞（今雅加達）後，立即受到了軍事審判，以失去公司重要財產的罪名，判處終身流放到班達群島以西的艾一島。十二年後的一六七四年，揆一的子女、朋友向威廉三世陳情，以二萬五千荷蘭盾贖出揆一，並在威廉特赦下回到荷蘭，但要求揆一不得再過問任何與東印度公司有關事務，所以揆一就住在阿姆斯特丹直到逝世。

海島王國的經商手段

鄭成功攻下荷蘭在台灣建築的兩座城堡以後，便以台南為根據地，正式開啟了鄭氏時代。鄭成功利用荷蘭大員商館的規模以及自身海洋勢力為基礎，將安平建設成鄭氏時代貨物重要吞吐口，這項決策讓鄭氏在安平與他國進行貿易以外，它也是鄭氏的海軍基地，所以在安平港內不時可以見到鄭成功的船艦。

鄭成功之所以對經商與海洋勢力如此熟悉，來自於他的家世背景。鄭成功的父親鄭芝龍以前就活躍於東南沿海，之後鄭成功繼承父親的產業，建立起一支武裝經商船團，亦盜亦商，懸掛著鄭氏旗幟的船隻往來於福建、廣東以及日本等地，台灣海峽可以說都是他的勢力範圍。而過去鄭芝龍強大的勢力，讓在附近往來的英國人、西班牙人、荷蘭人等歐洲人刮目相看，因此在歐洲的文獻中，可以看到鄭芝龍以天主教教名尼古拉・一官（Nicolas Iquan）被稱為Iquan，即「一官」之意，表示對他的尊敬。所以鄭成功在這樣的環境下，對海洋事務很熟悉，他在占領台灣後，積極的經營台灣，建立台灣的海洋文化，與東北亞、東南亞以及中東和歐洲各國貿易，建立起台灣人的重商思想。

一六六四年三月，鄭成功的兒子鄭經進攻南京失敗，失去整個大陸，退守台灣，此時，明永曆帝朱由榔已死，他廢東都。南京在明朝時稱為江寧府，台灣位於南京東方，於是他自稱東寧王國，表示對明朝的忠誠。他仍然使用明朝「招討大將軍」的印信，他在給清廷大臣明珠的書信中，自稱「建國東寧」，外國文書稱他為「The King of Tyawan (Taiwan)（台灣王）」。一六七〇年，英國東印度公司負責人 Henry Darces 上書鄭經，稱 "Your Majesty" 即「陛下」之意。一六七五年制定官制後，他的僚屬不再自稱「卑職」，而稱「臣」。台灣儼然是一個獨立的小王國。

重啟海洋貿易的台灣

鄭氏以台灣作為抵抗清朝的根據地，以台灣盛產的鹿皮、蔗糖、茶葉為主，積極的發展與外國的貿易，藉由台灣豐富的資源，如余文儀《續修台灣府志》卷十九的記載：「而財用不匱者，以有通洋之利。」此時又加上，清朝在東南沿海實施海禁，更有助於鄭氏發展海外貿易的機會。鄭氏對於英國的新式武器充滿好奇，希望能引進這些新式武器，加強自己的武裝力量，而英國則希望能從台灣豐富的鹿皮、蔗糖、茶葉中獲得利益，所以在雙方各有所需的狀況下，兩方的接觸逐漸頻繁。

一六七〇年六月十二日，英國東印度公司派艾利斯．克利斯布率船從爪哇西北的萬丹，攜帶英王名義的信函，來到台灣港，即現在的安平港，申請准許貿易和開設商館。這是荷蘭人離開台灣後，第一次有歐洲船隻進入安平港。接著在同年九月十日，鄭經便與英方簽署非正式通商協議二十條，鄭氏得到了英方的武器與火藥，英方則獲得了自由貿易權，開始在台江沿岸開設洋行，建築倉庫儲存貨物。但英國認為台灣位居東亞貿易的樞紐地位，台灣的鹿皮與蔗糖運往日本與馬尼拉很方便，於是積極接近鄭氏的官員，洽商貿易協定，最後在一六七五年十月十三日簽訂了正式的通商條約。

鄭成功除了與英國貿易外，也經營南洋跟日本的貿易，在這兩者之後的是菲律賓的呂宋，呂宋的貿易量為日本的一半。經由這點可以看出日本是鄭成功重要的海外貿易據點，而之所以重要可能與鄭成功出生於日本，母親為日本人有關。另外依據《熱蘭遮城日記》記載，一六五五年三月九日，鄭成功的船隻有七艘到巴達維亞，兩艘到東京，十艘到暹羅，四艘到廣南，一艘到馬尼拉。一六五六年十二月十一日，鄭成功的船隻有六艘到柬埔寨。由此可知，鄭成功的活動範圍遍及整個遠東以及南洋海域，其商業活動的充裕能力，已經有可與清朝對抗的實力了。

海上的護身符——劍獅

由上一個段落可知，擁有雄厚海上經商能力的鄭氏，勢必需要一個基地來訓練士兵，用以保護船隻在海上的運行，所以鄭成功便決定在安平建造水師基地。水師的船艦停泊在安平港，水師官兵就居住在港口附近，那時水師官兵的盾牌上刻有一個獅子頭，他們在回家後習慣將盾牌掛在牆上，並將刀劍插入獅面盾牌牙縫中的鐵勾上，外觀有如獅子咬著劍一般。

因為這樣的緣故，軍人的家庭開始在自家的牆壁或門楣上刻下劍獅標誌。這樣的標誌，在鄭克塽降清後，台南人為紀念鄭成功及其將士，開始在屋外雕塑劍獅像的圖案，後來變成祈求平安的護身符，現在更成為安平的標誌。劍獅的名聲響亮，提到安平，一定會想到劍獅，它成為安平的代名詞。安平的中興街與效忠街，以劍獅作為門牌圖案。劍獅口中含的劍，發展出劍尖有朝右與左兩種，亦有雙劍者。二〇〇五年市政府舉辦安平古堡之美的活動中，推出一系列以劍獅為主要圖案的臨時

台南臨時郵局以安平為主題，發行的四種郵戳。

郵局戳。二〇一七年，劍獅首度登上郵票以及風景郵戳。

▲2017 年，劍獅首度登上郵票以及風景郵戳。

▲在安平的民宅牆上，時常可見劍獅的圖案。（攝影：蕭文）

▲此為安平海山館牆上的安平劍獅，海山館為清朝駐守台灣的海壇鎮標水師班兵會館；二次大戰後，出售給安平人張長庚，修建成三合院式的住宅；1975 年，台南市政府慶祝「台南觀光年」，收購該房舍。（攝影：蕭文）

走入廟宇的鄭成功——延平郡王祠

鄭成功結束台灣為歐洲殖民地的態勢，奠定台灣與中國大陸關係的基礎，雖然他在台灣的時間很短，但他一生最輝煌的事業在台灣。因此在台灣人的心目中，他有著崇高的地位，視他為英雄人物，尤其是在他當年的根據地台南。所以在鄭成功於一六六二年六月二十三日病逝於台南後，當地民間建立了一座小廟祭祀他。

鄭成功矢志效忠明朝，被賜姓朱，又稱朱成功，明朝是朱家掌權，又稱國姓爺。同治年間的林維朝懷念當年的情景，他的〈安平懷古〉記載：「當年跋浪有長鯨，海上驅來十萬兵；地剪牛皮荷鬼遁，門登鹿耳草雞鳴。霸圖似水

◀鄭成功在台灣人心目中猶如英雄人物，此畫像收藏於國立台灣博物館。

◀鄭成功的開台事蹟，現在成為了台南重要的祭典活動，因此也推出了臨時郵局戳。

滔滔逝，人事如棋局局更；舟子不知興廢感，時聞晚渡棹歌聲。」但在清朝時期，因為有政治上的顧慮，所以把此廟稱為「開山王廟」，「山」暗指「台灣」，因台灣在海上遠看像一座山，隱喻鄭成功為「開台聖王」之意。

一七〇〇年（清康熙三十九年），康熙皇帝曾表示：「朱成功係明室遺臣，非朕之亂臣賊子。」一八七四年發生牡丹社事件，清廷派福建船政欽差大臣沈葆楨來台。沈葆楨來台後，接受台灣府進士楊士芳、台灣道道員夏獻綸與台灣知府周懋琦等人的稟請，與閩浙總督李鶴年、福建巡撫王凱泰與福建將軍文煜等人一同上疏追諡鄭成功，建立專祠與編入祀典中。隔年正月初十，清廷接受沈葆楨的奏議，頒賜「忠節」的諡號給

為中國福州式建築的台南延平郡王祠。

鄭成功。同年三月，在這座小廟原址動工，秋八月完工，聘請福州師傅前來建造延平郡王祠，材料全來自福州，共耗費工程費白銀七千四百兩，為一福州風格的建築。沈葆楨在該祠完工後，寫一幅楹聯：「開千古得未曾有之奇，洪荒留此山川，作遺民世界；極一生無可如何之遇，缺憾還諸天地，是創格完人。」由於延平郡王祠接受朝廷的頒賜，在正殿大門旁塑立一面石碑，用紅字寫著「奉旨祀典」字樣。正殿中的一座鄭成功泥塑雕像，出自名雕刻家楊英風之手。

一八八九年，劉銘傳時任台灣巡撫，為延平郡王祠寫一幅楹聯：「賜國姓，家破君亡，永矢孤忠，創基業在山窮水盡；復父書，詞嚴義正，千秋大節，享俎豆于舜日堯天。」以後清朝來台官員都會循例來延平郡王祠獻聯。

在延平郡王祠正殿大門旁的「奉旨祀典」。（攝影：蕭文）

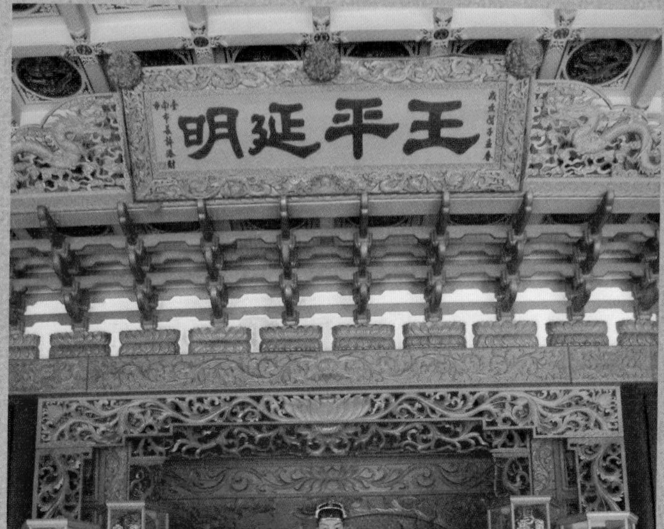

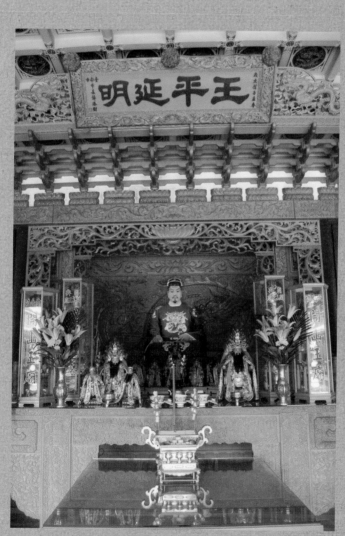

在台南延平郡王祠正殿內，出自雕刻家楊英風之手的鄭成功塑像。（攝影：蕭文）

日本占領台灣後，原本可能要拆除的延平郡王祠，因為鄭成功的母親是日本人，得以保留下來。但，仍逃不過改名與改建的命運。一八九六年七月，延平郡王祠循日本的例子，改名為開山神社；一九一四年八月，開山神社開始進行大規模改建，保留原建築，增建必要的附屬設施，包括神饌所、手水舍、神樂殿、社務所、宿舍等。改建後的開山神社，正殿與偏殿仍為中國傳統建築，拜殿為日本式的唐風建築。開山神社，是日軍入台後興建的第一座神社。在二次大戰結束後，國民政府將原福州式建築拆除，改建為鋼筋水泥的北方式宮殿建築，延平郡王祠的古味全失，被排斥於古蹟之列。

現在的延平郡王祠正殿大門。（攝影：蕭文）

躍然紙上的延平郡王祠

台北的國立台灣博物館收藏一幅鄭成功畫像，是鄭成功來到台灣時所繪。這幅畫像多次被用為郵票圖案。

一九五〇年六月起，郵局首度採用台北國立台灣博物館的鄭成功畫像發行郵票，全套十四枚，其中陸角面值特別註名「航空」二字，為點線齒。

一九五一年七月十一日，以鄭成功像發行普通明信片，鄭成功像有兩個框，為第一版，稱雙框鄭成功像；該年十一月二日發行第二版，鄭成功像有一個框，稱為單框的鄭成功像。

一九五一年六月二十日，推出軍郵明信片。當時的軍郵明信片出售方式，由國防部或軍事單位備函向郵局購買，再轉售官兵使用，並不在郵局窗口發售。而交寄時，則以航空郵件交寄，不另加郵資。這款軍郵明信片以鄭成功肖像為底，在普通明信片上以紅字加蓋「軍人專用」四字，成為軍郵明信片。有趣的是，這款明信片的「片」字可分為長撇與短撇

二型，加蓋的「軍人專用」四字中的「專」字也有兩種字型，一為「寸」字的一點正中，另一為「寸」字的一點朝下左斜。

一九六二年時，距離一六六一年打敗荷蘭人有三百年之久，為紀念這次戰役，以台南延平郡王祠的鄭成功塑像為圖案，發行紀念郵票兩枚。當時鐫刻的紀念郵戳為「鄭成功開台三百週年紀念」。有趣的是，在郵戳製作完畢後，又因為覺得「復」台比「開」台要好，所以就臨時從各郵局收回「開台戳」，緊急鐫刻「復台戳」。而在郵戳左下角的鄭成功像，則是採自台北國立台灣博物館收藏的鄭成功畫像。

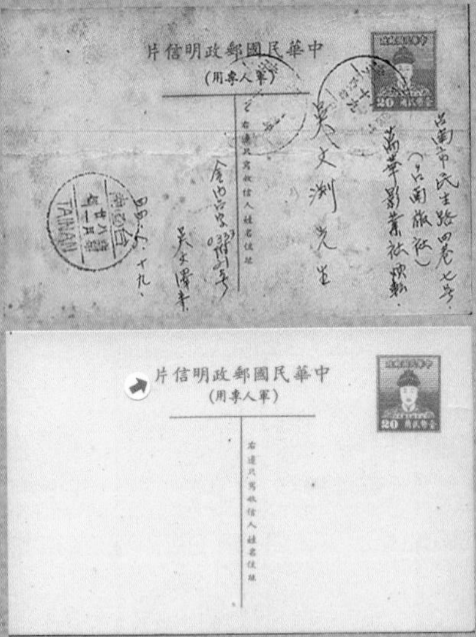

▲兩款「片」字短撇(上)與「片」字長撇(下)的鄭成功像軍郵明信片。

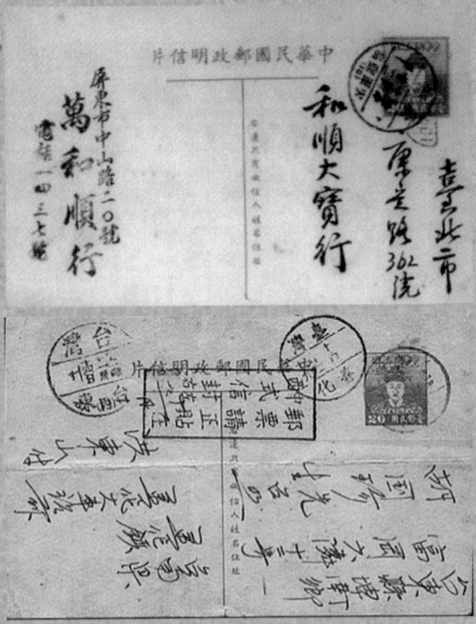

▲雙框(上)與單框(下)的鄭成功像普通明信片，寄往島內的銷火車郵局戳。

◀為紀念戰役，鄭成功復台三百年，以台南延平郡王祠的鄭成功塑像為圖案的紀念郵票。

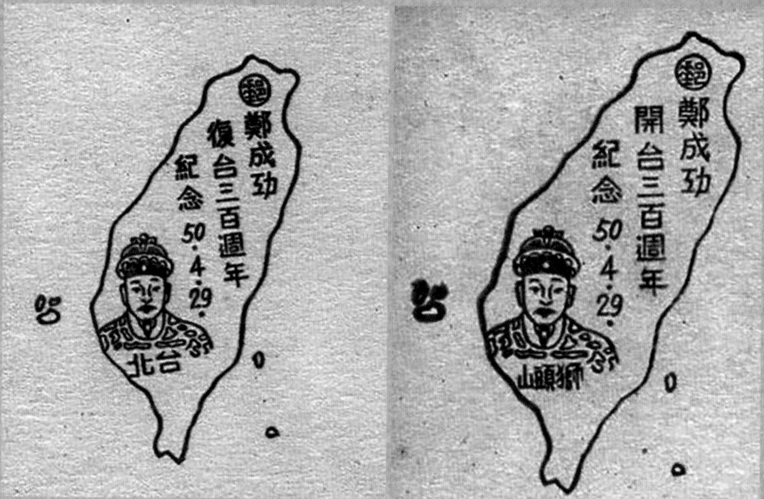

▲為紀念戰役，鄭成功復台三百年的紀念郵戳。

一九七九年二月十一日，郵局第一次以延平郡王祠為郵票圖案，發行風景郵票。一九九五年七月二十七日，啟用延平郡王祠風景郵戳，圖案是延平郡王祠大門，使延平郡王祠除了郵票，也首度登上風景郵戳，這次的風景郵戳一改過去圓形邊框，採用特殊的八角形邊框。

二〇〇八年五月二十九日，為慶祝台灣博物館建館一百年，再度以台北國立台灣博物館收藏的鄭成功像作為郵票圖案，發行紀念郵票。

以後台南市舉辦鄭成功文化節，更以豐富的歷史為背景，製作了一系列特別的郵戳。像是以一六四七年一月，

◀ 1979 年 2 月 11 日第一次發行的，以延平郡王祠做圖案的風景郵票。

▲延平郡王祠首度登上風景郵戳，同時一改過去圓形邊框，採用特殊的八角形邊框。

◀ 2008 年 5 月 29 日慶祝台灣博物館建館一百年，再以鄭成功像作為郵票圖案。

鄭成功在小金門（今金門縣烈嶼鄉），以「忠孝伯招討大將軍罪臣國姓」之名誓師反清這個事件，設計了兩個郵戳，一個是有著兩面旗幟，左邊的旗幟刻著「招討大將軍」五個字，右邊的一枚郵戳以篆文刻著「招討大將軍」五個字。

▲鄭成功文化節以延平郡王祠的不同園景以及鄭成功肖像作為臨時郵局郵戳圖案。

▲以「忠孝伯招討大將軍罪臣國姓」之名誓師反清事件設計的鐫刻的郵戳。

還有這枚「閩海風雲」郵戳，說明當時在一六五〇年後，鄭成功以廈門、金門作為根據地，懸掛鄭氏旗幟的船隻往來於東南沿海一帶。當時他的商船有一部分裝有火砲，是武裝商船，這樣的商船與艦隊形成一股不小的勢力，讓台灣海峽如同他的內海一般。

結論

台南市政府將鄭成功與文化結合，舉辦「鄭成功文化節」，成為台南市新的節慶，除了緬懷歷史外，並創造出新的商機，加上台南市由小學到大學都有以鄭成功的名字「成功」為校名的學校，亦有與鄭成功有關的「成功路」與「東寧路」，說明鄭成功在台南的重要性。

鄭成功文化節「閩海風雲」郵戳，說明在1650年後，鄭成功在台灣海峽是一股不小的勢力。

參考文獻

陳錦昌，《鄭成功的台灣時代》，台北縣：向日葵文化，二〇〇四年。
林偉盛，〈國姓爺攻台之役的再思考〉，《台灣文獻》，五五：四，頁一－三一，二〇〇四年。
張溪南，《明鄭王朝在台南》，台南市：台南市文化局，二〇一三年。
江樹生譯，《熱蘭遮城日記》，台南市：台南市政府，一九九九年。
江樹生譯，《梅氏日記：荷蘭土地測量師看鄭成功》，台北市：漢聲雜誌，二〇〇三年。
翁佳音，〈府城無城牆時代的故事〉，收錄於《古城・新都・神仙府：台南府城歷史特展》，台南市：國立台灣歷史博物館，二〇一一年。
揆一（C.E.S.）原著，甘為霖（William Campbell）英譯，林野文漢譯，《被遺誤的台灣：荷鄭台江決戰始末記》，台北市：前衛出版社，二〇一一年。
蔡郁蘋、吳建昇，〈荷治時代的大台南〉，收錄於吳建昇等著《大台南的前世今生》，台南市：台南市文化局，二〇一三年。
許淑娟等，《台灣地名辭書・卷二十一・台南市》，南投市：台灣省文獻委員會，一九九九年。

黃紹恒、陳鴻圖、林蘭芳，《台灣社會經濟史》，台北市：空大出版社，二〇一二年。
陳春生，〈明鄭時代台灣與英國之商務關係（上）〉，《東方雜誌》，十一（十），一九七八年。
沈家旭，〈台灣新台幣時期國內明信片作國際使用例（一九五一－一九六〇）〉，《中國郵刊》，八四，二〇〇八年。
沈家旭，〈台灣郵區軍郵明信片（一九五一－一九七二）〉，《中國郵刊》，八八，二〇一一年。
林昌龍，〈談在台灣本島實寄之「鄭成功像軍郵明信片」〉，《中國郵刊》，八三，二〇〇七年。

輯四

一砲平四海

——億載金城

沈葆楨建造的砲城

一八七四年，受到牡丹社事件的影響，清廷派福州船政大臣沈葆楨赴台，他抵達府城後，認為需要加強海防，而拆除安平城外城的牆磚，運至二鯤鯓修築砲台，稱二鯤鯓砲台；砲台完工後，相當宏偉，沈葆楨題「億載金城」四字於砲台門楣上，一般以「億載金城」稱之，這個名稱較二鯤鯓砲台響亮。沈葆楨決定用安平城外的牆磚，是因為清軍占領台灣後，將政治重心移至府城內，安平城改為軍裝局，重要性日減，而牆垣也多傾圮失修，所以把逐漸荒廢的牆磚拿來再利用。沈葆楨，是清朝建設台灣的功臣，一九一八年連橫在《台灣通史》裡曾說道：「析疆增吏，開山撫番，以立富強之基，沈葆楨締造之功，顧不偉歟！」所以，億載金城留有他的題字，並在城內塑立一座他的銅像紀念他。

1875 年沈葆楨所題的「億載金城」與「萬流砥柱」。（攝影：蕭文）

牡丹社事件

一八七一年十一月二十七日，有六十六名琉球宮古島人，由於船隻碰到颱風，漂到台灣南部的八瑤灣，其中五十四名被原住民殺害，其餘的人被當地官員送到福州，閩省當局給予撫卹。日本認為這是攻占台灣的好藉口，於是一八七二年冊封琉球王尚泰為藩主，一八七四年四月四日派陸軍中將西鄉從道率兵從社寮（屏東縣車城鄉射寮村）登陸，與牡丹社居民在石門（屏東縣牡丹鄉石門村）大戰，這個事件稱為牡丹社事件。最後這個事件在英國大使湯瑪斯・威妥瑪（Sir Thomas Wade）的調停下，日本於一八七四年十二月二十日撤兵。

也因為發生牡丹社事件，所以在一八七四年四月，授沈葆楨為欽差，辦理台灣等處海防兼理各國事務大臣。他主張在安平興建一座三合土大砲台，配置西洋巨砲，以護衛海口，當時在重要地方興建砲台是重要的國防設施，所以沈葆楨聘請在馬尾造船廠工作的法國工程師帛爾陀及魯富設計砲台，帛爾陀參考

在 1874 年由法籍工程師貝拖拍攝的，穿著清朝官服建築億載金城以及規劃台灣海防的沈葆楨。

巴黎的外圍防禦工事，設計這個砲台。

一八六八年，英國商人準備走私樟腦，被清朝官員查獲，英國主張撤銷樟腦專賣制度，而與清廷發生衝突，於是英國調派軍艦來台灣，發砲擊中熱蘭遮城內的軍火庫，發生爆炸，炸燬城牆，熱蘭遮城成為廢墟。沈葆楨將已傾頹的熱蘭遮城外城牆磚拆下，運至二鯤鯓，修築億載金城，興建億載金城的工程從一八七四年九月開始動工，預計六個月完工，但由於材料運送問題，直到一八七六年八月才完工。這座二鯤鯓砲台是台灣第一座現代化的西式砲台，也是全台第一座配備一萬八千公斤的英國阿姆斯壯前膛大砲的砲台。

1977 年的台南億載金城的砲台，由砲管有膛線可知，是真的能使用的炮台。（攝影：蕭文）

走入日本時代後的金城

一八九四年的甲午戰爭，中國被日本打敗，一八九五年四月十七日（清光緒二十一年），中國與日本在日本的山口縣赤間關市簽訂《馬關條約》，將台灣割讓給日本，因此不斷有日艦出現在安平海域。一八九五年五月三日，劉永福下令這座砲台發砲射擊在安平海域的日艦，擊斷日艦桅桿；以後，遇有日艦經過，二鯤鯓砲台都會發砲轟擊。一八九五年，日本占領台灣後，由於兵器進步以及軍事理論的改變，二鯤鯓砲台逐漸失去軍事價值而荒蕪。日俄戰爭期間，日本政府為補償戰爭造成的經濟損失，出售部分億載金城的大砲，僅留一座後膛小砲。

此圖應該是清朝年間所拍的億載金城，可看見搭在護城河上的是木頭橋。

今遊金城景

台灣光復後，億載金城的位置偏僻，看不到房舍，沒有人煙，無人聞問，已荒廢。一九六〇年代初期，想要前往億載金城，需在安平港搭乘竹筏橫渡安平運河，漁夫站在竹筏後猛撐竹竿，約十分鐘才到達對岸，上岸之後是一望無際的鹽田，別無它物，需步行約十五分鐘，才抵達億載金城。這裡只有一輛計程車，它的四個車門都沒有，專門來回碼頭與億載金城之間載客。到了億載金城後，若站在城頭上望去，眼前是一片連成一片的鹽田，鹽田的盡頭是一棟棟樓房。

一九八〇年代，台南市政府設立安平新市區，將魚塭與鹽田填土，稱第五期重劃區。以後在這裡建橋樑，修道路，修築新的市政

日本時代中期的億載金城，護城河上的橋改為水泥橋。

▲1990 年代的億載金城，以及庭院和護城河。（攝影：蕭文）

▲現今億載金城的門票，由圖片可知搭在護城河上的橋改為水泥橋。

▲1977 年台南的億載金城附近還仍是鹽田，當時前往需搭乘木筏才能到達，因此遊客不多。（攝影：蕭文）

大樓，大大改觀這裡偏僻與荒涼的景觀，現在這裡交通便捷，人車川流不息，展現出一個新市區的面貌。

一九七〇年代中期，政府整修億載金城。一九八三年十二月二十八日，億載金城被列為一級古蹟，又經過整修，大致恢復往日的景況，而成為著名的觀光景點。一九九〇年代初期，有一次，我在這裡，看到一位退伍軍人對一群遊客說，這些大砲只有這一尊是真的，你們看，這尊大砲有膛線，有幾位遊客隨著他的手，向砲孔觀望。

一九七九年二月十一日發行台灣風景郵票，其中十元票為億載金城，是億載金城首度登上郵票。一九九五年二月二十二日，啟用八角形新風景郵戳，有一枚是億載金城，這是億載金城第一

▲1979年2月11日發行台灣風景郵票以億載金城作為郵票圖案。

▲1995年億載金城風景戳與八角形億載金城風景戳，還有億載金城臨時郵局郵戳。

次上風景戳。此外，早年的愛國獎券與台南市公車的回數車票，都曾用億載金城做圖案。

結論

現在站在億載金城的城牆上，已看不到海水，看到的是一棟棟拔地而起的樓房，這座砲台的大砲曾向過往的軍艦怒吼過，以後它們再沒有怒吼的機會，現在它們面對的是一群群遊客，聆聽導遊敘述它們的過往；其實，它們沒有過往，它們都是後來用水泥仿製的大砲。

1960年代，台南市公車回數票以億載金城作為圖案及以億載金城做圖案的愛國獎券。

輯五

香火鼎盛的道觀

——大天后宮、武廟、五妃廟

前言

講到廟宇，當然和中華文化有著密不可分的關係。台南市的寺廟密度高居全島之冠，因為漢人渡海來台，第一站就是台南的安平。這些漢人離鄉背井的來到完全陌生的土地，已斷絕與原有的社會關係，為了生活的安全與方便，他們運用中國傳統的民間信仰，即寺廟，建立社會關係，所以台南市的寺廟高居全島之冠；清朝時，運用寺廟關係建立民防系統，稱聯境。這裡敘述的是在郵戳上出現的大天后宮、武廟以及五妃廟。

護佑大海的大天后宮

二〇〇二年首度啟用的大天后宮風景郵戳，其實原本的名字並不叫大天后宮，現在的名字是在一六八五年，清康熙皇帝派禮部主持典禮，加封媽祖為「天后」，將王府改為「大天后宮」，成為了台灣最早的媽祖廟。

2002 年啟用的大天后宮風景戳。

一六四六年，明朝桂王朱由榔於肇慶稱帝，是為南明永曆帝。一六四八年（明永曆二年），寧靖王朱術桂被指派為鄭成功的「監軍」。一六六二年（明永曆十六年），鄭成功過世。一六六四年（明永曆十八年）承襲鄭成功的鄭經邀請明寧靖王渡台，由其部屬黃安在西定坊興建王府供寧靖王居住，府邸坐東朝西，面向明朝故土，表示不忘故土。當然這座王府遠不及北京的王府來得有氣派，末代王族的生活顛沛流離，經濟拮据，難怪寧靖王墓前的牌坊寫著「生不幸為帝王宗室」幾個字，道盡末代王族的無奈，無論如何，王族居住的房舍就稱為王府。

寧靖王號「一元子」，府邸稱為「一元子園亭」。一六八三年（明永曆三十七年），清朝施琅攻下台灣，寧靖王的五位妃子在府內中堂自縊，寧靖王往南走，在現在的湖內鄉自殺，他的墓在現在的湖內鄉。清康熙年間的楊宗城有一首詩〈過寧靖王故宮〉：「浮雲仰視亦須臾，長嘯從容合院徂。臣節不磨天地老，世風雖遠紀綱扶。西山叩馬兩高士，東海懸樑一丈夫。自是求仁無怨悔，奚煩遺叟重嗟吁。」此時，寧靖王已將王府改為天妃宮，由宗福主持。

一六八三年，施琅在此接受鄭克塽的投降後，豎立「平臺紀略碑」，這是台灣最早的石碑。施琅攻取台灣後，認為當時能夠戰勝，是因為受到媽祖的護佑，使得鹿耳門在適當的時間漲潮，才使大軍能夠登陸，便上書朝廷將寧靖王府改為媽祖廟，以達謝神明的幫助。除此之外，另一種說法則是，施琅進占台灣後，將寧靖王府視為府邸居住，後來因避清帝猜忌，才改建成天妃宮。一七二一年，清康熙六十年，朱一貴以明裔朱三太子為號召，起兵抗清，以寧靖王府為王宮。一八九五年六月二十六日，民眾在台南擁立民主國大將軍劉永福為第二任大總統，由台北遷都臺南，號稱南都，將總統府設於大天后宮，命連戰的曾祖父連德政為財政部長。所以大天后宮一次用作王府，一次用作王宮，一次用作總統府，共有四次與重大政治事件有關，在台灣歷史上有重要的地位。

大天后宮的山川門上用的是乳釘，而非一般廟宇的門神。大天后宮此種特殊性，表示這座廟的位格高，所以不用門神。乳釘又稱門釘，它的形狀為圓形，有如乳頭，所以稱

▲現在大天后宮的樣貌。（攝影：蕭文）

▲大天后宮內施琅的平台紀略碑，這是台灣最早的石碑。（攝影：蕭文）

乳釘。使用乳釘的廟宇，代表該廟是官方祀典的廟宇或是帝后級具神格位階的廟宇。除了大天后宮使用乳釘外，武廟同樣使用乳釘。乳釘的數目為九的倍數，共七十二顆，大天后宮較傳統九的倍數的七十二多一顆，傳說是因媽祖受封天后之故。

上段所說的「山川門」，指的是寺廟拜殿的中門，

▲大天后宮的山川門上所使用的是乳釘。（攝影：蕭文）

◀日本時代的大天后宮。

即正中央的大門，是寺廟的門面。古代寺廟多建在山中，故稱山川門，有歡迎的意思。拜殿前的石階為明朝的龍首石雕，拜殿最外側的兩根龍柱，上面的龍雕簡潔有力，是在清朝時設立的，這也說明了這座廟不同的身世。這座廟裡面，有不少歷代皇帝或名人的題匾，是其他廟少見的，說明其特殊性，譬如「險夷神化」、「德配蒼穹」、「慈航福庇」等，以及施琅的「平台紀略碑」。

象徵忠義的祀典武廟

在上個篇章中提到，跟大天后宮一樣使用乳釘的就是祀典武廟，該廟的大門上為乳釘，中門左右兩扇各七十二顆，側門左右兩扇各五十四顆，均為「九」的倍數，呈現帝王之尊，因為關公是武神，其地位甚高，所以不用門神。這座武廟是西元一六六五年，鄭經在台南興建的四座廟宇之一，其中的關帝廳與佛祖廳位於承天府署

▲在大天后宮拜殿前的石階，上面有明朝的龍首石雕。（攝影：蕭文）

▲大天后宮內的這個匾為清光緒年間的作品。有人說，不知道這是否意味著鄭成功得到媽祖的保護，才順利的進入鹿耳門水道？（攝影：蕭文）

▲祀典武廟的中門與側門的乳釘，關公是武神，地位甚高所以不用門神。（攝影：蕭文）

（今赤崁樓）之南，是祀典武廟的前身。

關帝廳祭祀的是關公，因為民間視他為忠義的化身，同時也是商業守護神，清朝年間，不斷提升關公的地位，甚至追封關帝祖宗三代為公爵。一七一六年，分巡台廈兵備道陳璸重修並擴大規模，奉旨稱「武廟」。一七二七年，這座廟奉旨列入祀典，

▲日本時代的祀典武廟。

因而稱為「祀典武廟」，俗稱大關帝廟，以與其他關帝廟區別。「祀典」即國家祭祀的意思，也就是官廟之意，在每年春秋兩季由親王主持祭祀。它翠綠色的滴水瓦簷，圓形的瓦當刻著「祀典」，三角形的雨簾刻著「武廟」字樣，在屋簷下一字排列下去，與朱紅色的牆相呼應，相當醒目。另外，孔廟也列為祀典之一，所以台南的文武兩廟都是祀典廟。

在祀典武廟東側有一整排朱紅色的山牆，構成一幅美麗的街景，山牆上建築的屋頂層次分明，起伏有序，天際線隨著屋頂的起伏而變化，形成這座廟的特色。這座祀典武廟在二〇〇二年首度啟用風景郵戳。

在這座廟裡有一幅明寧靖王題頒的「古今一人」匾，這幅匾在施琅攻占台灣後，為避

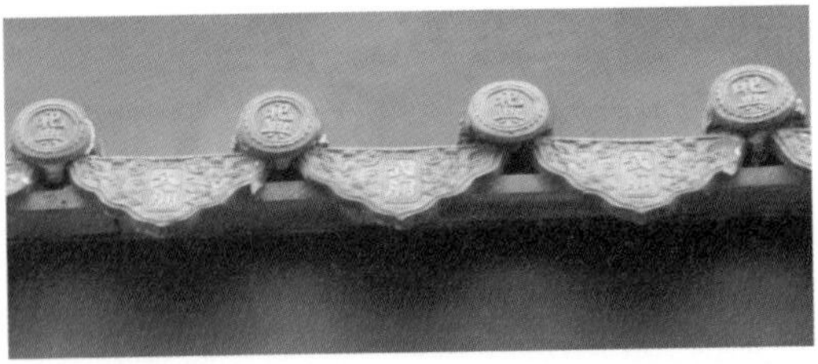

▲祀典武廟翠綠色的滴水瓦簷，圓形的瓦當刻著「祀典」，三角形的雨簾刻著「武廟」字樣。（攝影：蕭文）

◀2002 年首度啟用祀典武廟風景郵戳。

▲此為補刻的祀典武廟明寧靖王題匾，原匾在清初為避免惹麻煩而收起來，後來遺失。（攝影：蕭文）

免惹麻煩，被收藏起來，之後卻不知去向，現在的匾是後來重刻的。明寧靖王的另一幅匾，是位在北極殿的「威靈赫奕」。這兩幅匾是台灣最早的匾。與明寧靖王相關的事蹟，為在該廟後面觀音廳前的一株梅樹，相傳為明寧靖王栽植的。

進入祀典武廟大門時，可以看到上面懸著「武廟」二字，這是巡道王效宗的題字。王效宗為漢軍正白旗，一六八七年擔任福建分巡台灣廈門道。一七九一年，台灣兵備道楊廷理來台灣處理林爽文事件成功之後，他認為受到關公的幫助，題贈「大丈夫」匾送給武廟，是相當著名的匾。「大丈夫」這三個字出自《孟子・滕

▲祀典武廟大門上的門匾。（攝影：蕭文）

▲相傳為明寧靖王手植的一株梅樹。（攝影：蕭文）

文公篇下》「富貴不能淫，貧賤不能移，威武不能屈，此之謂大丈夫。」而與康熙五十三年巡道高拱乾所獻的匾，「文武聖人」四個字，道盡關公的人品性格。

在該廟中的石柱上還有幾聯題字，勾繪出關公的生平，一為「義」，「桃園結義」為人所稱頌，所以該廟有兩個石柱上有對桃園結義稱頌的題字；另一為

▲台灣兵備道楊廷理來台灣處理林爽文事件成功之後，題贈的「大丈夫」匾。（攝影：蕭文）

▲康熙五十三年巡道高拱乾所獻的匾，四個字「文武聖人」道盡關公的人品性格。（攝影：蕭文）

▲祀典武廟石柱上對桃園結義稱頌的題字。（攝影：蕭文）

「忠」，關公另一個為人稱頌的是對國君的「忠」，所以該廟有兩個石柱上有對關公「忠」的稱頌。

該廟後面的觀音廳，曾為文人作詩與朗誦詩的地方，因該廟位於府城西面，稱西社，目前西社的匾還掛在該廳大門上方。早年台南文人聚會時以作詩與吟詩為主，成立五大詩社，除西社外，其餘詩社為彌陀寺的東社，法華寺的南社，黃蘗寺的北社，奎樓書院的中社。

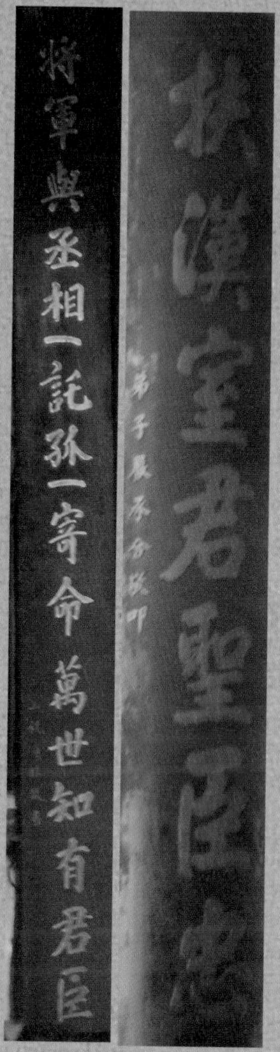

▲祀典武廟石柱上對關公「忠」稱頌的題字。（攝影：蕭文）

不幸的五妃廟

在武廟題頌兩幅匾的明寧靖王，並沒有受到武廟的祝福。一六八三年，鄭成功部將劉國軒，在澎湖被清朝福建水師提督施琅打敗，明寧靖王朱術桂必須向南逃，他逃到現在的高雄縣湖內鄉，最後以自殺畫下生命的句點。現在在高雄縣湖內鄉有

祀典武廟觀音廳的西社。（攝影：蕭文）

一座他的墓，墳墓上雕刻著龍，這是台灣唯一刻著龍圖案的墳墓，墓前有一座牌坊，上面刻有「生不幸為帝王宗室」幾個字，道盡末代王室的無奈。他的五位妃子，袁氏、王氏、秀姑、梅姐與荷姐，一齊於王府中堂自殺，一起埋葬在桂子山，所以五妃墓是一座合葬墓。清康熙末年，在五妃墓裡面塑立一塊石碑，寫著「寧靖王從死五妃墓」。這一埋，為桂子山增添一則歷史故事，也為桂子山平添一個勝景。清朝時不少人來到台南，都為五妃廟題詞或作詩。

清雍正張湄的《五妃墓》中記載：「瘞玉埋香骨未塵，五妃青塚草長春；雲寒孤島魂相聚，直抵田橫五百人。」從這段話可以知道，在清初有部分人士來台南，會特地來此祭悼。而清康熙年間嘉義人林中桂的《予

清朝時代的五妃廟四周都是墓塚。

殉節五妃墓》的「行過魁山遺塚在」，與連橫的《台灣通史・卷二十二・宗教志》記載的「五妃廟在大南門外桂子山」說明五妃墓的位置。明清時期的桂子山是墓葬區，五妃墓是其中的一座墳。日本時代，日本人的都市計畫，將南門外規劃為運動園區，遷移墓葬，於是五妃廟四周就看不到墳墓了。一九二七年，日本台南州愛國婦人會重修五妃墓。一九六〇年後，陸續有重修。

五妃廟不同於其他廟的地方有兩點，第一點是五妃廟是座墓，後面有隆起的墓塋。第二點是，一般廟的門神，左右門分別貼的是秦瓊與敬德（尉遲恭），單門貼的是魏徵或是鍾馗。由於五妃為女性，不適用一般的門神，為配合宮廷習俗，所以用太監與宮女做門神，是少見的用女性做門神的廟。早年的台南市公共汽車

在日本時代的台南五妃廟大門。（鐘金水提供）

回數票曾以五妃廟做圖案。二〇〇二年，五妃廟與祀典武廟首度用作風景郵戳圖案，這是這兩座廟共同之處。

▲日本時代的五妃廟。

▲現在台南的五妃廟。（攝影：蕭文）

▲五妃廟的門神為太監與宮女，是唯一用女性做門神的廟。（攝影：蕭文）

結論

台灣的寺廟表現出中國傳統民間信仰的色彩。天后宮是福建沿海地區民眾祈求平安的信仰。關帝廟是中國傳統民間對公義與忠誠的尊崇，為具有此項特質的關羽，在死後提升到神格的層次的一種信仰。五妃廟是民間對明朝的懷念，因為明朝是漢人建立的朝代，清朝是滿人建立的朝代，被視為異族，所以五妃死後，被提升到神格的層次。

▲1960年代，台南市公車回數票以五妃廟做圖案。

◄與祀典武廟同年，於2002年啟用的五妃廟風景戳。

參考文獻

張溪南，《明鄭王朝在台南》，台南市：台南市文化局，二〇一三年。
伊能嘉矩著，楊南郡譯註，《台灣踏查日記》，台北市：遠流出版公司，二〇一二年。

輯六

引進現代醫療與文字印刷的使者

——馬雅各與巴克禮

外來的信仰與觀念

十九世紀，西方傳教士來到台灣，為台灣帶來新的信仰，及西方的學校與醫院制度，台灣成為西方的思想、觀念同制度與台灣傳統的中華文化交集的舞台，這個交集經過激烈的排斥、摩擦、衝突，而後逐漸被接納，再經過融合的過程，而建立新的制度，這是台灣的特色。因此，十九世紀的台灣是東西方制度從排斥到接納與融合的舞台，這個舞台豐富我們學習的機會，提供我們深思的素材。

來自英國的馬雅各（James L. Maxwell）

西方的波濤再度拍打在台灣的海邊，這次踏著這鼓波濤而來的是英國基督教傳教士。

一八六三年十二月四日，英國基督長老教會宣教師馬雅各跟隨牧師杜嘉德，千里迢迢的從英國來到中國，他先到上海，於次年的一月二日前往廈門。他在廈門花了十八個月的時間學習閩南語，學習有成後，在一八六五年五月二十八日，馬雅各來到台灣，當時同行的有牧師杜嘉德，助手吳文水，黃嘉智與陳子路，一行人在打狗（今高雄）的旗後（今旗津）上岸，再到台南，在西門外看西街（今仁愛街），租借海關官員威廉・馬克威爾（William Maxwell）的住宅。當時這位金髮碧眼的英國人，希望能把建築的前面一部分用做禮拜堂，後面一部分用做診療所，以西式醫學為台灣人提供醫療服務。

從受阻到聲名遠播

馬雅各之所以能開診療所，是因為他不只是傳教士也是一名醫生。他畢業於英國愛丁堡大學，在學期間完成醫學系課程，後又到柏林及巴黎的醫學院深造，之後在伯明罕綜合醫院擔任住院醫師，受過完整的醫學教育。當時馬雅各將西醫帶到府城，引起相當大的震撼，因為西醫的觀點與漢醫以及土著醫療的觀點完全不同。他每天約可

▲於旗後教會設教一百四十週年慶紀念郵戳上的馬雅各醫師側面像。

◀英國基督長老教會宣教師馬雅各。

以看診五十名病患，影響到當地的漢醫與土著醫療者的生計，在此種情況下，有流言傳說這位洋醫師用人心做藥，用人腦與眼睛製鴉片，而引起民眾的惶恐與抗議，讓馬雅各醫師無法繼續在府城待下去，只得遷居至打狗的旗後。

打狗是個海港，那裡有英國領事館以及一間英商設立的天利行。打狗的外國人較多，當地民眾不像府城那麼排外，因此馬雅各在這裡可以獲得保護與協助。打狗是現在的高雄；英國領事館所在地以及外國人多的地方是現在的西子灣。馬雅各來台灣的目的是為台灣人傳教，外國人多的地方對他較方便，但對他而言沒有意義，所以他落腳在西子灣對面的旗後，現在的旗津。一八六五年十一月，馬雅各向呂魁承租土地，興建醫館與禮拜堂，繼續從事醫療傳教的工作，他在這裡的醫館每天約有三、四十位病患。現在為了紀念這位在台灣從事醫療及傳教工作的醫師，在旗津教會的庭院，豎立了一尊馬雅各醫師的半身塑像。

馬雅各以旗後為據點，踏遍了新港社、崗仔林（台南左鎮）、南化、荖濃、六龜、桃園等地，並先後在現在的鳳山、里港、屏東、東港等地興建教會。當時，他因為工作繁忙，所以雇用了兩位木柵少女幫忙處理家務，這裡的木柵指的是現在的高雄縣內門鄉；這兩位少女後來成為他向西拉雅族（平埔族之一族）傳教的幫手。在旗後的這段時間，他結識了一位英國商人威廉・畢克麟以及李麻牧師（Rev. Hugh Ritchie），馬雅各與二人合作，使他順利的在木柵、崗仔林、拔馬（台南左鎮）等地展開傳教工作。他的傳教工作進行順利，使他的聲名遠播到台中的大甲、岸裡（台中神岡）等地，有人願意不遠千里而來找他看病。他原本是不得已來到旗後，卻有意想不到的收穫。

中華文化與基督教衝突

雖然馬雅各很受歡迎，但當時基督教的觀點與中華文化有很大的差異，因此基督教傳教士與民間的衝突時有所聞。一八六八年，在埤頭（今鳳山），一位初代信徒高長積極邀請程賽的妻子林便涼入教，引起當地民眾的不滿，而搗毀教會，毆打信徒。另一位信徒莊清風，他邀請妻子入教，兩人在爭執中，被誤以為傳教者抓人，莊清風被民眾圍攻，後來遭到殺害，心臟還被挖了出來。

一八六八年六月，馬雅各醫師與李庥牧師聯名上書英國駐華公使阿禮國（Sir J. Rutherford Alcock），說明傳教的困難之處，英國駐打狗領事也報告說明，台灣地方官員未依據條約的規定，處理傳教事件。阿禮國致書恭親王，要求嚴懲肇事者並賠償。交涉期間，馬雅各醫師與英國領事官以及 Keppel 海軍上尉率領砲艦 Janus 號的水兵到埤頭衙門營救高長。

同年七月，新任領事約翰・齊普遜（John Gibson）到任，他採取強硬態度，此時怡記洋行職員威廉・畢克麟在梧棲由於樟腦貿易與當地民眾起衝突。同年十月十二日，約翰・齊普遜利用這個機會與戈爾登（Gurdon）率領兩艘軍艦來到打狗談判，談判破裂後轉往安平，砲擊安平，炸燬火藥庫，中英雙方達成協議，懲處肇事者並賠償，嚴禁民眾誹謗基督教，這就是安平事件或樟腦事件。

一家人救濟世人的博愛

安平事件過後，府城的情況較為穩定，馬雅各醫師表示：「台灣府的城市很有氣派，我想它可以容納十五萬到二十萬人口，並具備一個熱鬧城市的各種景觀。」所以在一八六八年十二月，馬雅各醫師再度來到台南，租二老口街台南著名商人許遜榮公館的房子，作為在台灣府的宣教中心。馬雅各以這間房子的前進作禮拜堂，中進為診療看病之用，後進作為宿舍，於是，馬雅各醫師終於重新開始他在台南的醫療傳教工作。當時這家醫院擁有兩百多張病床，稱為舊樓，是當時頗具規模的醫院，也是全台現存最久的醫院。

一八八七年，馬雅各醫師得到英國基督長老教會的支助，以一千八百圓購得蘇萬利花園的土地（今東門路與前鋒路交界處）建立醫院，但由於當地人士以「傷及地龍，危害地方」為由加以阻擾，所以在經歷七年的訴訟後，直到一八九六年，才得以成交。成交後經過了四年，到了一九〇〇年四月十七日醫院開幕，這間醫院為了與過去的醫館有所區別，所以將這棟新的醫院稱為「新樓」。這間醫院在二樓設有手術房，可以用升降機運送病患，這台升降機也是台灣第一台升降機，另外還有蒸氣消毒設備、X光室等，都是當時台灣首屈一指的醫療設備。

一九〇一年，長老會吳道源執事捐獻德慶溪的支流枋溪旁的一塊地興建教會，這裡的河道較低，稱溝仔底，這個教會稱溝仔底教會。枋溪在這裡轉了一個大彎，水流較緩，常出現人或動物的浮屍，當地人士為祈求平安，稱這裡為太平境，因而溝仔底教會又稱太平境教會。一八六九年，馬雅各自旗後回到府城後，在此傳道，為紀念他在此傳教，這間教堂於一九〇二年九月十三日完成竣工，

位於台南新樓醫院前的馬雅各塑像，可知其地位的重要。（攝影：蕭文）

於1902年完成，由英國基督長老教會贈碑的太平境馬雅各紀念教會。（攝影：蕭文）

英國母會英國基督長老教會贈碑，命名為「馬雅各紀念教會」，所以這間教會又稱馬雅各紀念教會。

馬雅各醫師來到台灣的時間總共八年，但其實在他的家族中，不只他來到台灣。他的次子馬雅各二世是痲瘋病醫師，一九〇一年來到台南，在新樓醫院工作，並出任該院院長；一九一五年因第一次世界大戰被徵召返回英國，戰後又再度來台（一九二三年）；一九四〇年至一九四七年間，他返回英國治療腳疾；一九四八年再度來到中國，在杭州附近一家痲瘋病院服務，最後於一九五一年病逝於杭州，葬

台灣基督長老教會在台宣教一百五十週年臨時郵局郵戳上的兩幅人頭像，右邊為設立新樓醫院的蘇格蘭宣教師馬雅各，左邊為創立馬偕醫院的加拿大宣教師馬偕，他們二人以大甲溪為界線，北面為加拿大的教區，南面為蘇格蘭的教區。

於中國，他在中國待了四十二年。而他的長子馬約翰是位婦產科醫師，雖然來亞洲的地點不是在台灣而是中國，但從一八九九年到漳州，一九四〇年退休返國，他在中國也待了四十一年的時間。從他們父子三人在中國和台灣的服務時間共九十一年的時間，可以看出他們對傳教的熱情，還有救濟世人的博愛。

湯瑪斯・巴克禮（Thomas Barclay）

一八七四年九月十九日，湯瑪斯・巴克禮牧師從英國利物浦乘船出發，該年十二月十八日到達廈門，在廈門學習五個月的閩南語。一八七五年六月五日，他在打狗踏上台灣的土地。當時在台南與打狗都設有傳教中心，後來為集中運用人力，而關閉打狗的傳教中心，保留台南傳教中心，並組成「台南教士會」，也因為這樣，在一八七七年，湯瑪斯・巴克禮從打狗來到台南。

十九世紀中葉，當時台灣社會文盲普遍，識字的人不多。湯瑪斯・巴克禮認為，識字是傳福音的基礎，台灣居民講閩南語的比率很高，他推動白話字運動，即羅馬拼音的閩南語。為推行白話字運動，湯瑪斯・巴克禮籌劃設立專門印製白話字的出版部門，印行白話字的教學教材。

一八八〇年，馬雅各宣教師由英國帶來台灣第一部羅馬字印刷機，湯瑪斯・巴克禮找機會回到英國學習印刷技術；一八八四年，他返台後，借用新樓醫院東北角的一間房子作為機房，開始印刷的工作，這是台灣最早的印刷術。湯瑪斯・巴克禮將這個房子命名為聚珍堂，俗稱新樓書房，以後發展為教會公報社。為了聯絡散居各地的教友，一八八五年他利用印刷機創辦《府城教會報》，是台灣最早的報紙，這份報紙現在更名為《教會公報》。

▲2015.08.18—2016.01.06 台灣文學館舉辦白話字文學特展，展示湯瑪斯・巴克禮塑像及介紹。

▲2015.08.18—2016.01.06 台灣文學館舉辦白話字文學特展，展示 1880 年馬雅各宣教師由英國帶來台灣的第一部羅馬字印刷機，之後由湯瑪斯・巴克禮借用新樓醫院東北角的一間房子作為機房，開始印刷的工作，這是台灣最早的印刷術。

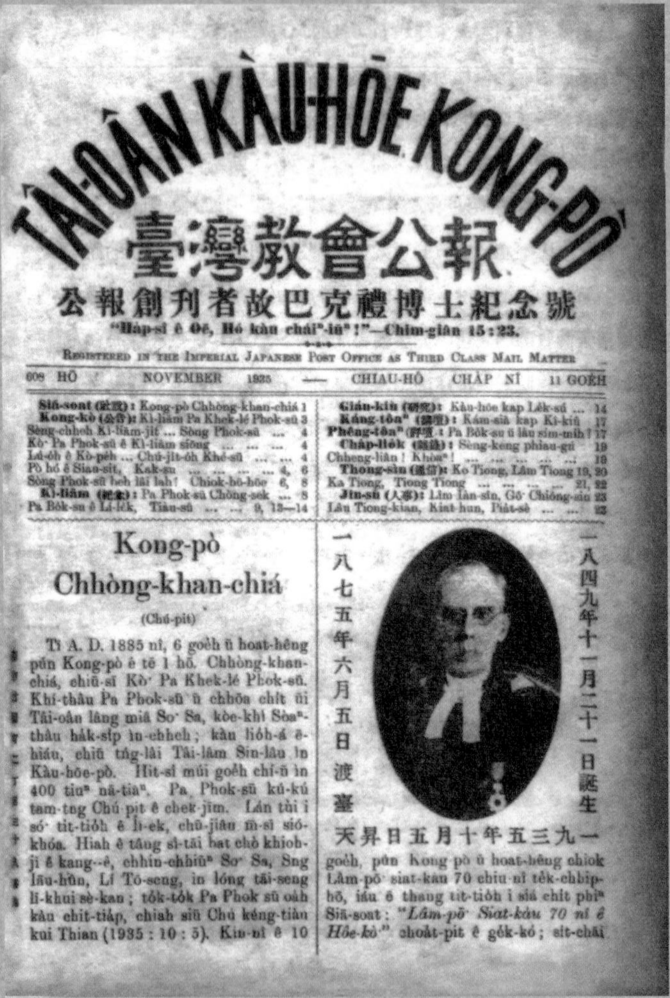

TÂI-OÂN KÀU-HŌE KONG-PÒ

臺灣教會公報

公報創刊者故巴克禮博士紀念號

"Hàp-sî ê Ōē, Hó kàu chái"-iū"!"—Chim-giân 15:23.

REGISTERED IN THE IMPERIAL JAPANESE POST OFFICE AS THIRD CLASS MAIL MATTER

608 HŌ NOVEMBER 1935 — CHIAU-HŌ CHÂP NĪ 11 GOEH

Kong-pò Chhòng-khan-chiá

(Chú-pit)

Tī A. D. 1885 nî, 6 goe̍h ū hoat-hêng pún Kong-pò ê tē 1 hō. Chhòng-khan-chiá, chiū-sī Kò· Pa Khek-lé Phok-sū. Khí-thâu Pa Phok-sū ū chhōa chi̍t ūi Tâi-oân lâng miâ So· Sa, kòe-khì Sòaⁿ-thâu ha̍k-si̍p ìn-chheh; kàu lio̍h-á ē-hiáu, chiū tńg-lâi Tâi-lâm Sin-lâu ìn Kàu-hōe-pò. Hit-sî múi goe̍h chí-ū ìn 400 tiuⁿ nā-tiaⁿ. Pa Phok-sū kú-kú tam-tng Chú-pit ê chek-jīm. Lán tùi i só· tit-tio̍h ê Ī-ek, chū-jiân m̄-sī sió-khóa. Hiah ê tāng sî-tāi bat chò khioh-jī ê kang--ê, chhin-chhiūⁿ So· Sa, Sng lâu-hūn, Lí Tō-seng, in lóng tāi-seng lī-khui sè-kan; to̍k-to̍k Pa Phok sū oa̍h kàu chit-tiáp, chiah siū Chú kéng-tiàu kui Thian (1935 : 10 : 5). Kin-nî ê 10 goe̍h, pún Kong-pò ū hoat-hêng chiok Lâm-pō· siat-kàu 70 chiu-nî te̍k-chhip-hō, iáu ê thang tit-tio̍h i siá chi̍t phiⁿ Siā-soat: *"Lâm-pō· Siat-kàu 70 nî ê Hōe-kò·"* choa̍t-pit ê gėk-kó; sit-chāi

一八七五年六月五日渡臺

一八四九年十一月二十一日誕生

一九三五年十月五日昇天

教會公報紀念創辦人湯瑪斯．巴克禮。

深耕文化教育的傳道人

一八八七年底，湯瑪斯・巴克禮正式將旗後的六名學生遷來台南，與甘為霖牧師館樓下的七名學生合併於舊樓（即二老口街）禮拜堂的正廳授課，湯瑪斯・巴克禮牧師命名為「大學」（Capital College），培育傳道人，後來他在英國募款一千英鎊，在新樓醫院對面已購得的蘇萬利花園一部分，興建學校，命名為台南大學，之後發展為台南神學院。

一八八三年二月十二日，英國基督長老教會台南教士會決定創設中學，同年十二月十三日，英國母會海外宣道會聘請教育宣教師余饒理先生來台灣，負責籌備工作，湯瑪斯・巴克禮陪同余饒理夫婦從英國搭船來到台灣，並參與籌備工作。余饒理離開台灣後，湯瑪斯・巴克禮曾短暫代理校務。西元一八八五年九月二十一日，利用台南市二老口街的

位於台南神學院的巴克禮銅像。（攝影：蕭文）

舊樓（現今衛民街與北門街啟聽學校的博愛堂）成立學校，校名為「長老教會中學」，這是台灣最早的中學。一八九四年，於西竹圍新樓內建立新校舍，二月二十二日落成遷入。一九三九年六月二十一日正式立案為「長榮中學校」。一九四五年，台灣光復後更名為「私立長榮中學」。一九七一年開始招收女生，結束男生學校的時代。以後陸續開設工科、商科、美工科，成為一綜合高中。

▲郵戳上為湯瑪斯·巴克禮協助籌設的長榮中學校徽以及改建後的榮華館。

▲1985 年長榮中學建校百年紀念信封與臨時郵局郵戳。

◀1960 年代長榮中學印製的校景明信片中的榮華館。

身為牧師的擔當與勇氣

當時英國傳教士普遍聚集在台南，所以他們需要輪流到各個教會巡視。一八八五年七月十九日上午，湯瑪斯・巴克禮在屏東竹田二崙鄉講道，那是一個客家人聚落，當地人抗拒基督教，於是，有人抬來八大桶糞便，灑在湯瑪斯・巴克禮身上，但是湯瑪斯・巴克禮並沒有生氣，甚至還說道：「太可惜了，這麼好的水肥應撒在田裡，撒在我身上是浪費了！」從他的回應，我們可以充分感受到湯瑪斯・巴克禮牧師的灑脫與智慧。

一八九五年，清朝簽訂馬關條約，將台灣割讓給日本。一紙條約並不能使日本占領台灣，日本派遣軍隊，分別從台灣北部的澳底、布袋嘴與打狗兩路登陸，日軍上岸後，不斷與沿途民眾發生武裝衝突，日軍是以武力攻下台灣。該年十月十九日，日軍混成第四旅進抵麻豆；十日，乃木希典率領的第二師團本隊從枋寮登陸，二十日上午進抵位於府城南面的二層行溪，府城有人逃跑，有人搶劫，城內居民惶惶不安，台南仕紳希望日軍能夠像台北一樣和平進城，於是商請湯瑪斯・巴克禮牧師及宋忠堅牧師（Mr. Duncan Ferguson）出面，湯瑪斯・巴克禮牧師感受到很大的壓力，他不知道這個請求能否真正反映民意，他又怕民眾反悔，他慎重的請對方將請求以書面寫下並簽名蓋章，以釐清責任；該日夜晚，湯瑪斯・巴克禮牧師與宋忠堅牧師以及陳修五等一行人，徒步走出城外，在寧靜的曠野，天空閃耀著星星，為避免日軍誤認為，他們利用夜晚有不友善的行為，他在日記中寫道：「我們一行人……點著燈籠，唱著詩歌，好讓日本人明白我們並不是偷偷摸摸地潛進。」一行人到達二層行溪附近日軍駐紮的村莊，湯瑪斯・巴克禮拿著英國國旗，說明來意，他寫道：「午夜過後，我們被傳喚再往南行，跨過一條溪，到達乃木將軍總部所在的房舍。」所以，日軍總部位於二層行溪南端，跨過溪上的這條橋為二層橋，當時為竹子橋，日據時代修建為水泥橋，目前已廢棄，橋仍在。湯瑪斯・巴克禮牧師向乃木將軍說明台南方面不抵抗，希望日軍不流血而和平入城，日軍接受，湯

巴克禮在二層行溪與日軍乃木希典談判和平進入台南的圖畫。

瑪斯・巴克禮寫道：「當我們在清晨五點起床時，發現一支部隊已在總部前面的空地上整裝待發，擔任通譯的日本人對我們下達的指令：我們將與大多數的漢人護衛先行回城，讓大家開啟各城門，並將乃木將軍的口信傳達給民眾：『如果本城和平投降，任何人都不會受到傷害，若出現任何武裝反抗，我將把全城夷為平地。』我依照指示與一隊漢人護衛一起出發，並且要大家打開城門。」十月二十一日上午八點，日軍進城，雙方沒有衝突，在全台抗拒日軍占領台灣的風潮中，是極少見的日軍和平入城情況。由湯瑪斯・巴克禮日記可以瞭解，湯瑪斯・巴克禮在傍晚出城，當時大南門已關閉，而由小南門出城；第二天早上，日軍分由大南門與小南門進城。一八九七年，湯瑪斯・巴克禮牧師及宋忠堅牧師獲得日本明治天皇頒授的五等旭日勳章。五等旭日勳章是頒給對國家的公共事務有顯著功績者。

巴克禮紀念教會

有感於湯瑪斯・巴克禮對於台灣的貢獻，於一九二六年興建新會堂，該會堂是一座希臘羅馬式建築，入口處上方採用玫瑰窗，入口半圓形突出的門廊採用他故鄉一座涼亭的風格，這就是今天的東門教會，也是紀念湯瑪斯・巴克禮牧師的巴克禮紀念教會。一九三五年十月五日，湯瑪斯・巴克禮牧師因腦溢血病逝新樓醫院，享壽八十六歲，葬在台南大南門外桶盤淺的基督教公墓。

台南的東門教會，又稱巴克禮紀念教會。

結論

這是歐洲文化第二次傳來台灣。上一次是荷蘭人，他們面對的是原住民，他們為台灣帶來文字，使台灣的歷史由口述進入文字記錄時期；他們為台灣帶來新的生活方式，使台灣由放牧社會進入農業社會；他們以台灣作為貿易的轉口站，為台灣帶來貿易的觀念；他們是第一個將政府的觀念帶來台灣的人，結束台灣原住民各自為政的社會制度。這一次是英國人，面對的是原住民與漢人，他們將基督教信仰、西方醫療制度、西方教育制度帶來台灣，為台灣的中華文化注入新的因子。

參考文獻

林金水主編，《台灣基督教史》，北京：九州出版社，頁八六，二〇〇三年。

白尚德（Zheng, Chantal）著，鄭順德譯，《十九世紀歐洲人在台灣》，台北市：南天書局，頁八三，一九九九年。

甘為霖（William Campbell）著，林弘宣、許雅琦、陳珮馨譯，《素描福爾摩沙：甘為霖台灣筆記》（*Sketches from Formosa*），台北市：前衛出版社，二〇〇九年。

鄭連明，《台灣基督長老教會百年史》，台南市：台灣教會公報社，一九八四年。

輯七

轉瞬即逝的國號

——台灣民主國

簽約前夕——馬關條約

二○一四年為甲午戰爭一百二十年，該年十二月，台灣文學館舉辦「從甲午戰爭到乙未割臺」文學特展，透過文字呈現當年的情景與民心。在這張海報中，我們可以看到左上方有當時台灣民主國的老虎標誌，但從簽訂條約到割讓台灣後，又為什麼會出現這個國號呢？讓我們從簽訂條約開始談起吧！

一八九四年甲午戰役清朝戰敗，一八九五年四月十七日，清朝與日本在日本的馬關簽訂《馬關條約》，將台灣割讓與日本。清朝不願意將台灣割給日本，私底下徵詢英國的意見，是否願意收購台灣，英國站在貿易立場，首相羅德・羅斯貝里與外相羅德・金百利表示，希望台灣是個自由市場，讓英國商人自由進出進行貿易，因此兩度婉拒。到了一八九五年五月二十

2014年台灣文學館「從甲午戰爭到乙未割臺」文學特展海報，海報主題是簽訂《馬關條約》的春帆樓漫畫，左上方是台灣民主國的老虎標誌。

日，台灣仕紳代表探詢法國的意願，將台灣作為法國保護地的可能性，中國保有法理上的名義主權與地稅，由法國實際治理，治理費用由規費與稅收支應，法國未接受。

簽定《馬關條約》前，日軍南方派遣艦隊載著大佐比志島義輝率領的陸軍部隊，出現在澎湖水域，並進攻澎湖，對清朝製造壓力。一八九四年底，光緒皇帝表示：「台灣割則天下人心皆去，朕何以為天下主！」畢竟形勢比人強，這樣的結果，連皇帝也無能為力，所以最後台灣還是割讓給了日本。

郵票上的溪流虎嘯

清朝向英法等外國尋求援助失敗，而嘗試台灣單獨成立一個國家，向外國尋求援助，

2014 年台灣文學館「從甲午戰爭到乙未割臺」文學特展，展示廳內部牆上的圖片為甲午海戰中日雙方艦隊的圖片。（攝影：蕭文）

各國認為台灣與他們沒有利害關係而袖手旁觀。接著，台灣民主國將獨立的事實照會各國，並請求各國支援，也依舊沒有獲得任何回應，沒有任何一個國家願意承認其獨立。

一八九五年五月二十五日，台灣巡撫唐景崧與仕紳丘逢甲在台北宣布成立台灣民主國。六月三日，日軍攻占基隆與獅球嶺砲台。六月六日，唐景崧搭上德國商輪鴨打號（Arthur），從淡水逃往廈門。

同年六月二十六日，民眾擁護鎮守在台南的黑旗軍將領劉永福為第二任大總統，遷都台南，號稱南都，將總統府設於大天后宮。這是大天后宮最後一次與政治有關係。同年十月十九日，劉永福亦兵敗逃離，劉永福逃離兩日後，台南便被日軍占領，結束在戰時成立一百五十天的地方臨時政府——台灣民主國。

學者將劉永福在台南所建的政權稱之為「台南共和」（Tainan Republic）或「第二共和」（Second Republic），唐景崧在台北建立的政權稱第一共和。

當時的台灣民主國，即使僅只是地方的臨時政府，也推出一系列郵票。英國安平海關人員紛紛逃走，海關三等貨物稽查員麥嘉林（C. A. McCallam）代理主管職務，他為了能夠與福建、廣東與香港的聯絡便利，建議劉永福在海關內設立郵局，發行郵票，以「溪流虎嘯」為郵票的主題，分有齒與無齒兩種，後來稱為獨虎票。

一八八八年二月二十一日，清光緒十四年正月三十，首任臺灣巡撫劉銘傳發布公告《臺灣郵政條例十六條》，並提及將在該年二月初十，即一八八八年三月二十二日正式開辦臺灣郵政。此一措施事前並未獲得清朝中央的許可，為劉銘傳自行做主開辦；事後劉銘傳在一八八九年，光緒十五年冬的奏摺中提及此事。當時清朝郵政尚未從海關獨立出來。所以，一八八八年到一八九五年，清朝有兩種郵政制度，清朝的郵政制度由海關辦理，海關由英國人掌控，所以安平海關負責人為英國人；台灣的郵政制度已從海關獨立出來，由本國人掌控。

台灣民主國的郵票圖案為一隻老虎在溪流旁呼嘯，上端印有篆體「台灣民主國」五字，左邊以楷書印「士担紙」三字，「士担」為英文stamp的音譯，右邊為面值「錢」，全套三枚，面值分別參拾錢、伍拾錢與壹佰錢。郵票由人工蓋印在紙上，所以油墨不均勻。原版獨虎票上端印的是篆體「民主國」三字，該版模現存日本郵政博物館。

由於戰亂，沒有確實記載台灣民主國郵票發行日期，所以台灣民主國郵票發行日期頗多爭議。依據一九九二年陳兆漢的《中國郵票圖鑑》，第一版發行於一八九五年七月三十一日，李明亮的《台灣民主國郵史及郵票》，第一

原版獨虎票上端印的是篆體「民主國」三字。

版發行於一八九五年八月十六日，由於臨時決定，準備匆促，只能在當地鐫刻板模，稱台南版，全套三枚。參拾錢票為綠色，伍拾錢票為紅色，壹佰錢票為紫色，圖幅二十三・五二五・五釐米，用極薄白紙印製，銀鑄原模，以手工蓋於無水印薄棉紙上，老虎尾部與背面為空白，虎尾雙曲如「N」，虎身有兩個大漩渦，虎額上有一菊花狀記號，無齒孔，無背膠。全張枚數參拾錢與伍拾錢為一百枚，壹佰錢為一百七十六枚，有對倒雙聯和面值漏印票變異的發現。共印製七千到八千套，其中綠色最常被使用。版模後來銷燬。

依據一九九二年陳兆漢的《中國郵票圖鑑》，第二版發行於一八九五年九月，李明亮的《台灣民主國郵史及郵票》，第二版發行於一八九五年八月底或九月初，由廣州鑄製印模，紙張有造紙廠水印，在廣州預先打孔，運到台南，稱廣東版。虎尾單曲，老虎尾部有竹叢狀粗線，虎額上有一不明顯的「王」字，圖幅為二十四・五二五・五釐米。全套三枚，參拾錢票為藍綠色、伍拾錢票為紅色、壹佰錢票為紫色。用道林紙印製，無浮水印，齒孔十二度，全張枚數為六十三和一百四十四。其中，壹佰錢有面值漏蓋票，伍拾錢票發現有蓋虎爪戳信銷票。壹佰錢票紫色有時被蓋為黑色；二版印製數量不多，麥嘉林的通訊中提到「在五個星期當中，也有八千封信用了第二版郵票」，所以用於寄信的有八千封。

依據一九九二年陳兆漢的《中國郵票圖鑑》，第三版發行於一八九五年九月，在台南另鑄新模，稱台南新版，虎尾不曲，老虎的額頭有一「王」字，圖幅二十四・五二五釐米。全套三枚，參拾錢票為翠綠色、伍拾錢票為票紅色、壹佰錢票為紫色，後來紫色油墨用完，改用黑色油墨；用厚白紙印製，有水印，齒孔十一・五度、十二度。全張枚數為六十三和一百四十四，整版郵票四週邊緣部分沒有打齒，有無齒和面值漏印票。印製約一萬八千套，版模未銷毀，可能流落民間，而出現私自再印票。

第四版未發行，其版模類似第三版，郵票四角有磨損現象；全套三枚，參拾錢票為綠色、伍拾錢票為紅色、壹佰錢票為紫色，銀刻模，用白紙印製，齒孔十二度。圖幅為

◀蓋銷過戳的台灣民主國郵票，第一版為無齒。

◀台灣民主國第二版有齒郵票。

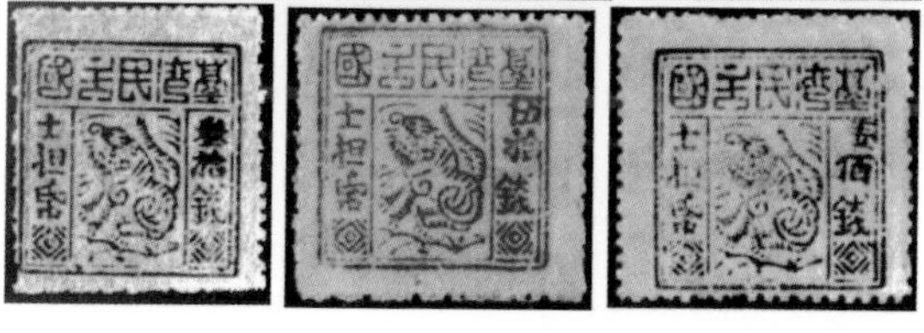

◀台灣民主國第三版有齒郵票。

二十五・二五釐米，全張枚數一百枚。

台灣民主國的郵戳為圓形，雙圈，有兩種，小圓日戳主要用於郵遞，上端為「TAIWAN REPUBLIC」，下端為「TAINAN」，中間的日期為雙排，在安平海關使用。大圓日戳上端為「FORMOSA REPUBLIC」，下端為「TAIWAN」，中間的日期為單排，主要用在稅收，由劉永福政府監製使用。郵戳上的地名「TAIWAN」指「台南府」。

當時，官方的郵遞系統不送民間郵件，民間郵件由民信局郵遞系統運送。台灣民主國信件由當年現有的民信局郵遞系統運送。台南寄汕頭的信封，右下角有一枚紅色汕頭碑型民信局戳可資證明。一八六九年蘇伊士運河開通後，輪船航運在亞洲海域興起。一八七〇年代末期，台灣與上海以南大陸沿岸重要條約港都有輪船公司的航線；一八七五年，清光緒初年，輪船公司為做生意，陸續使用輪船遞送郵件，輪船公司會在郵件蓋上戳記，以供辨識。

台灣民主國於一八九五年五月二十五日到該年十月

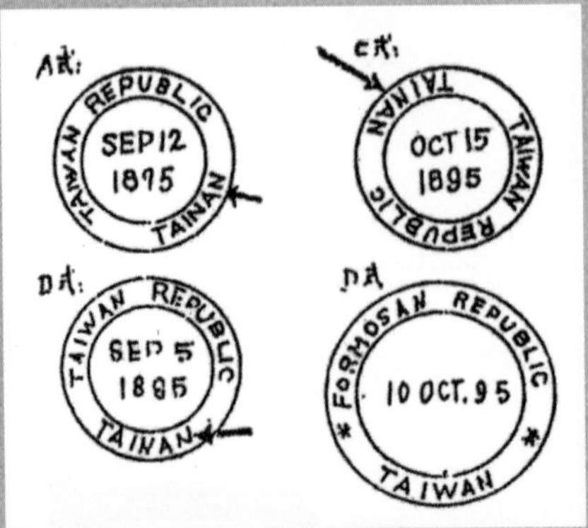

當時台灣民主國使用的郵戳。

十九日結束，共一百五十天，共收寄郵件一萬七千多件。

李明亮的《台灣民主國郵史及郵票》引用一位姓名不詳的英國人信件上的說明：「台灣的書信要送到中國大陸，必須強迫貼上這些郵票（指台灣民主國郵票），所

▲貼著台灣民主國郵票的信，往返台南與香港及廈門。

▲台南寄汕頭，經由汕頭全泰成記輪船信局遞送。

有信件內容都要在海關郵局接受檢查，同時要查看是否貼上郵票。」說明，台灣民主國郵票用於寄送郵件，以及台灣當時已有郵件檢查制度。

活躍於台南的老虎

雖然一開始發行郵票是為了聯絡便利，但是日軍攻台的隨軍記者，同時也是美國記者的大衛遜，在他帶領日軍進入台北時表示，台灣民主國的財務狀況不佳，在戰爭期間，軍隊糧餉耗費龐大，於是便將腦筋動到郵票上，將部分郵票未用作郵政用途，而用作逃向大陸的人抽稅之用。「清清集郵網」刊登賴建銘的觀點：「筆者所收藏的台灣民主國郵票，係在民國二十九年秋天，偶然在內兄汪沔洲氏家裡發現……。聽說內兄的外祖父亦是避難旅客內渡的一家。本郵票幾經迂迴曲折，流到岳家…所發見的郵票是第二次的洋紙（內中有水印厚紙及無水印薄紙兩種）。各票都是十餘枚相連接，每兩張相連的票面上一律蓋著不完整而成馬蹄形的騎縫郵戳，尚未使用過的郵票面上，何以蓋著那樣的令人難解的郵戳，對於蓋郵戳的用處，引起筆者的好奇心…左記之事可資參證。」說明，台灣民主國郵票曾用於籌款。

台灣民主國除了在籌措糧餉遇到困境外，還在哪些地方遇到難處呢？台灣民主國在一八九五年五月底於台北建立，由台灣巡撫唐景崧出任第一任總統，以「藍地黃虎旗」為台灣民主國的國旗，他們將武力抗擊日軍的精神，藉由老虎的尾巴上翹來表現，頗有振奮人心、力圖一搏之勢。

可是，此時的唐景崧面臨兩難的局面，唐景崧是清朝任命的台灣巡撫，就任台灣總統處理這種局面，希望獲得清朝的敕令，清朝表示未放棄台灣，未發出敕令。之後，湖廣總督張之洞再三提醒唐景崧，不應在文書中使用總統稱號，應使用巡撫，表示事後台灣應回歸清朝，以及維持臣子應有的禮節，唐景崧遵從張之洞的指示。唐景崧以行動表示台灣民主國不是脫離清朝而獨立，唐景崧訂台灣民主國的年號為永清，表示「永戴聖清」，打算事平之後，再請命清朝；同時，為籌措款項發行的官銀票，使用「光緒」年代，「光緒二十一年」即「一八九五年」，而非「永清」年代，亦說明台灣民主國遵奉清朝。

民主國獨虎的無奈

台灣民主國可以說是當時的權宜措施，是戰地的地方臨時政府，而這種政府通常為時都不長。台灣割讓給日本後，改變了台灣的統治權，由中國人手中轉移到日本人手中，雖然引起台灣人民的抗議，但國際社會是現實的，是比拳頭的，抗議是沒有用的。丘逢甲的〈離台詩〉：「宰相有權能割地，孤臣無力可回天！扁舟去作鴟夷子，回首河山意黯然！」便足以說明當時台灣人的無奈。

台灣民主國的根據地在安平，當時安平是台灣最大的商港，是貨物的吞吐口，它代表台灣，林維朝的〈安平懷古〉：「當年跋浪有長鯨，海上驅來十萬兵；地剪牛皮荷鬼遁，門登鹿耳草雞鳴。霸圖似水滔滔逝，人事如棋局局更；舟子不知興廢感，時聞晚渡棹歌聲。」表現出當時的情懷。梁啟超的〈台灣民主國〉：「曾聞民主國。奄忽落人間。即事真如戲。呼天亦苦難。薛蘿哀楚鬼。禾黍泣殷頑。暗記留蠶紙。愁來一洗顏。」說出台灣民主國是漢人抵抗日本人入侵而成立的政權，是不對稱的對抗，給人無奈的感受。

台灣民主國雖然在歷史上只存在短短幾個月的時間，但依舊是台灣一段重要的歷史，所以在二〇〇八年五月二十九日，慶祝台灣博物館建館一百年發行的郵票裡，其中的五元票便以

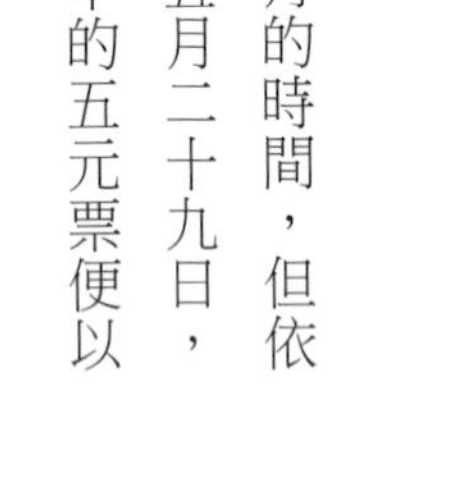

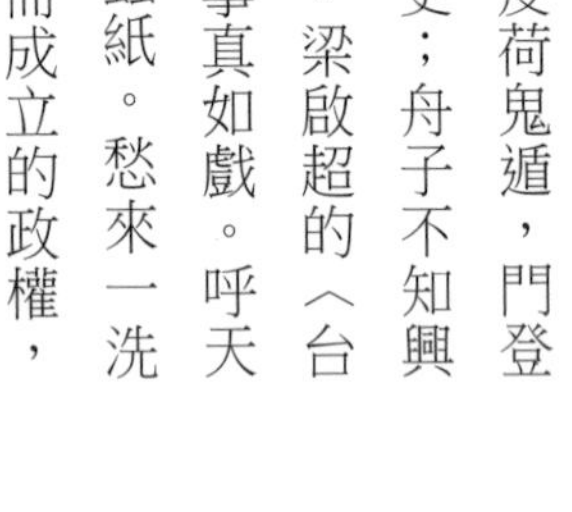

▲為紀念台灣民主國，發行了獨虎圖案的郵票與郵戳。

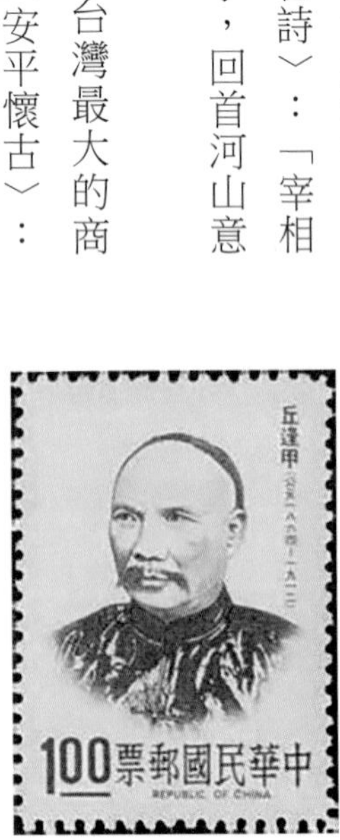

▶以丘逢甲為主題推出的郵票。

台灣民主國的獨虎為旗幟，同時鐫刻臨時郵局戳，以民主國的獨虎為郵戳的圖案，來紀念那段時間，在台灣這塊土地上奮鬥的人們。

被拋下的老虎

在戰亂期間，外國人利用安平港撤僑，雖然安平港當時呈現混亂的局面，但仍有商業活動。但到了一八九五年六月十三日，日本砲艇駛入安平港，停泊於英國軍艦及商船附近，讓華人認為外國人庇護日軍，因而引起了華人的忿怒與不滿。

一八九二年三月二十二日，台灣巡撫邵友濂邀請胡適的父親胡鐵花到台灣工作，胡鐵花家人於次年四月來到台南；一八九四年一月，胡鐵花升任台東直隸州知州，全家由

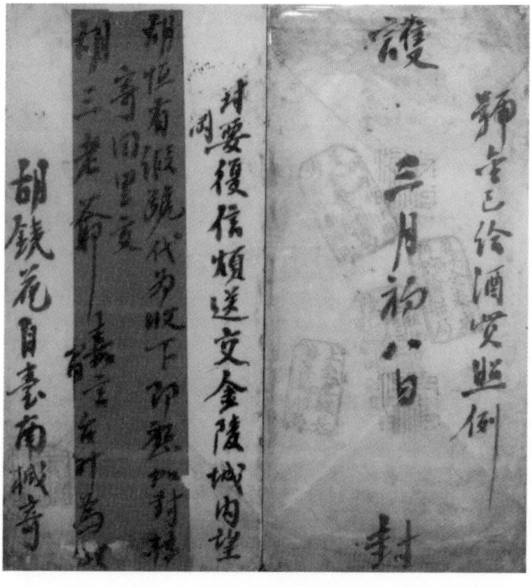

▲1892 年 4 月 4 日胡鐵花由台南寄安徽的家書信封，這封信由全泰成輪船信局寄送。

▲1895 年 6 月 25 日，胡適的父親胡鐵花擔任台東直隸州知州，他從安平搭船到廈門，離開台灣。胡適於 1891 年出生，1893 年 4 月，兩歲多，與父親住在道署西邊，今永福國小，由於年紀小，對台南沒有印象。

台南搬到台東；一八九五年六月二十五日，擔任台東直隸州知州，兼統鎮海後軍各營。一八九五年年初，胡鐵花看到台灣將有大變化，將家屬送回大陸。清朝皇帝下旨：「所有在台官員一律內渡，將台灣交接日本。」此時，胡鐵花的身體健康狀況不佳，這年六月二十五日，在劉永福協助下，他從安平搭船到廈門，七月三日在廈門病故。胡適在台南住了十個多月，再隨父親到台東住了一年多，總共在台灣居住不到兩年的時間，他來台灣時兩歲多，所以對這段生活沒有印象。

一八九五年十月十九日晚上，劉永福檢查安平大砲台，趁機搭乘泰利斯輪逃走，與他一起走的有隨行人員與侍衛等一百人左右。

與台灣關係密切的日艦吉野號

一八九五年十月十二日上午七時，日艦吉野號出現

1952年，胡適來台南，在他當年與父親居住的道署西邊的房子留影，該處為今永福國小。

於安平港外，這艘船與台灣有著密切的關係。一八九〇年，英國阿姆斯壯造船廠製造，由英國造艦專家菲利浦・瓦茨爵士設計，該型艦同時出廠有四艘，是當時全世界最先進的防護巡洋艦。原本打算賣給清朝的北洋海軍，但清朝挪用北洋海軍軍費興建頤和園，為給慈禧太后祝壽，最後無力購艦，導致讓正在建設海軍的日本有機可趁，他們發動全國性的募款，購進這艘當時世界上速度最快的軍艦。

一八九四年七月二十五日，豐島海戰（又稱甲午海戰、大東溝海戰或黃海海戰）吉野號為日軍游擊編隊領艦。當時吉野號被一枚北洋海軍濟遠艦發射的一百五十公釐口徑火砲擊中右舷，擊毀舢舨，穿透鋼甲，擊壞發電機，墜到機艙的防護鋼板上，然後又轉到機艙裡，由於彈頭裡面未裝炸藥，所以擊中而未爆炸，吉野僥倖免於報廢。一八九五年日本攻台，吉野號砲轟安平、枋寮、東港等地。十月十五日吉野號率

日本吉野號巡洋艦，是與台灣關係最密切的日本軍艦。

領七艘戰艦砲轟旗後，打狗及其他二座砲台，也擊毀現在在旗後相當有名的砲台城門額「威震天南」的前二字。日軍攻占旗後砲台，占領打狗港，清軍潰敗，開啟了日本在台灣的殖民統治時代。一八九五年十月二十八日，北白川宮能久親王在台南病故，其遺體在安平港搬上郵輪西京丸，由軍艦吉野號護送回日本。

一八九五年十月二十八日，日本的北白川宮能久親王率近衛師團攻台，中途罹患重病，到台南時，住在富商吳汝祥住宅「宜秋山館」，不久病故，其棺木停放在英商怡記洋行（現為台南水產學校）邊候船，再搬上郵輪西京丸，由軍艦吉野號護送回日本。後來日本政府徵收吳汝祥住宅，建立北白川御跡所。一九二〇年，在原地興建台南神社。台灣光復後改為忠烈祠；一九六九年拆除建築物，改為公十一公園。

後記

二〇一四年為甲午戰爭一百二十年，該年十二月，台灣文學館舉辦「從甲午戰爭與乙未割台」文學特展，透過文字呈現當年的情景與民心。二〇一七年六月十六—二十日，台南郵局在台南創意中心舉行「臺灣民主國郵票與文物展」，用郵票與錢幣說明台灣民主國。

▲2017 年 6 月 16-20 日，台南郵局在台南創意中心舉行「臺灣民主國郵票與文物展」會場。（攝影：蕭文）

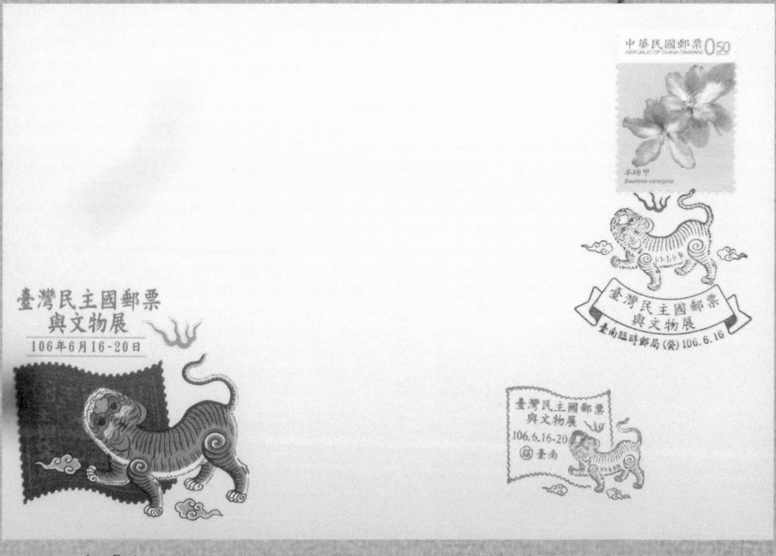

▲2017 年「臺灣民主國郵票與文物展」紀念信封與郵戳。

▲ 臺灣民主國郵票文物展邀請函。

◀2017 年 6 月 16-20 日，臺灣民主國郵票文物展。

結論

台灣民主國只有短暫的一百五十天，這是戰爭期間，中央政府力有不逮時，地方人士為求自保的權宜措施，而成立的臨時政府，它有如曇花一現，迅速消失在歷史的洪流中，從它留下的蛛絲馬跡中，可以一窺這個臨時政府與中央政府的微妙關係，它的年號「永清」，說明它無意脫離中央政府而獨立，台灣民主國發行的官銀票使用「光緒」年代，「光緒二十一年」即「一八九五年」，說明它仍然遵奉清朝。

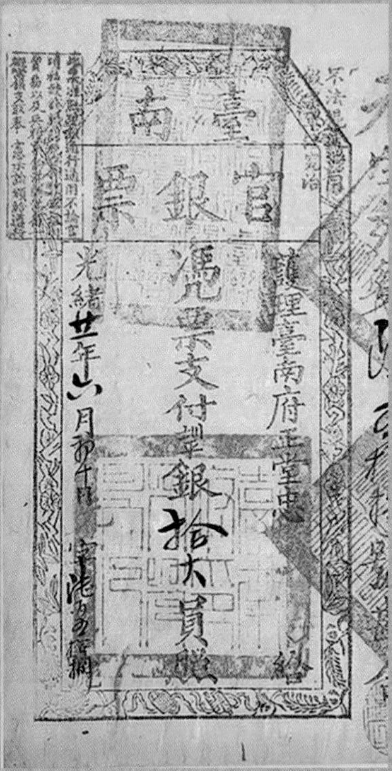

台灣民主國使用的官銀票主要用來籌款，以安平知縣兼代台南知府滿洲人忠滿的名義發行。

參考文獻

蔡石山著，黃中憲譯，《海洋台灣：歷史上與東西洋的交接》，台北市：聯經出版事業股份有限公司，二〇一一年。
郭廷以，《近代中國史綱》，香港：中文大學出版社，一九八〇年。
許世楷，《日本統治下的台灣》，台北市：玉山社出版事業股份有限公司，二〇〇六年。
晏星，《中華郵政發展史》，台北：臺灣商務印書館，一九九四年。
大衛森（James W. Davidson）著，蔡啟恆譯，《台灣之過去與現在》（第二冊），台北市：台灣銀行經濟研究室，一九七二年。

輯八

奠定文化的基石

——建立教育制度

引進中華文化

第一位以官方身分將中華文化帶來台灣的人，正是之前提到，現在也受人尊敬與祭拜的鄭成功。他的部將陳永華在台南設立孔廟，在台灣延續中華文化。同時由於鄭成功漢人的背景，他建立漢文化的教育制度以及社會規則，使漢文化逐漸成為台灣社會的主流文化。此時，也是台灣的荷蘭文化與漢文化有第一次交流融合的機會。

這樣文化的交融，當然不只在文化方面，也影響到經濟方面。因為鄭成功的經營團隊與荷蘭人的經營團隊文化背景不同，鄭成功為治理需要，建立了新的制度，這個新的制度部分建立在荷蘭的商業基礎上，強化台灣的經濟能力。鄭成功利用大員國際商港的優點，發展國際貿易，國際貿易培養台灣的經濟能力，使台灣能夠有自給自足的能力，與清朝對抗。

建立全台首學的孔廟

在鄭成功拿下台灣，經過了一段時間，社會穩定繁榮後，於一六六五年，參軍陳永華向繼任的鄭經建議：「開闢業已就緒，屯墾略有成法，當速建聖廟、立學校。」

但鄭經當下以「台灣地小人稀」為由暫拒，之後陳永華又表示：「使國君能舉賢以助理，則十年生長，十年教養，十年成聚，三十年後就可以和中國大陸一較高下。」最後鄭經決定採納他的建議興建孔廟，教育子弟。這項決定在隔年，一六六六年，在承天府寧南坊的一塊稱鬼仔埔的空地，興建房舍，這是台灣最早的孔廟，又稱全台首學，當時的孔廟是教育機構，類似現在的學校。孔廟為官立，所以是台灣第一所公立學校。

我們現在所見的孔廟，顏色以朱紅色為主的原因，是因為當時的周朝人崇尚朱紅色的關係。而孔廟大門上懸著一塊匾，寫著「全台首學」四字，遒勁有力，為清康熙年間台廈道陳璸所題，也因為這個關

在2005年台南孔廟創設340年時，以「全台首學」做了臨時郵局郵戳，也發行了介紹台南孔廟的小冊子。

係，孔廟中的崇聖祠擺放著一幀陳瓚的牌位。一九七九年孔廟的大門曾上過郵票，多次被用做郵戳圖案。

一六八七年，大門外設立了滿漢文對照的下馬碑，上書「文武官員軍民人等至此下馬」，表示對孔子的尊敬。清康熙皇帝即位之後，頒贈「萬世師表」的匾額給孔廟，從此以後，每位皇帝登基都循例頒賜匾額，所以現在台南孔廟的御匾最多，可以看到從康熙到現任總統所頒贈的匾額。現今孔廟規模的奠定，是在隔了將近九十年後的一七七七年，台灣府知府蔣元樞大規模修建孔廟，建立孔廟的體制，一直維持到今日。

孔廟的大成殿是孔廟的核心建築，它的匾額是在一七一九年巡道梁文煊所立，其建築有不少結構都有特殊的意涵。大成殿外面

台南孔廟大門，門楣上懸掛的「全台首學」匾額，是由陳瓚所題，因此孔廟中的崇聖祠擺放著一幀陳瓚的牌位。（攝影：蕭文）

的階梯中央為一斜坡，稱為御路，刻有龍頭，平常人是不能走的，只有新科狀元與皇帝祭孔時才能走；其屋頂中央有一個珠塔，用以鎮壓禳火；兩端各有一個陶土製的圓筒，稱為通天筒，又稱藏經筒。通天筒有三種說法，一說是紀念秦始皇焚書藏匿經書之筒；一說是宋朝朱熹紀念孔子而設；一說是孔子刪訂詩書，定禮樂，修春秋，這些典籍都是削竹簡做成，用筒裝，以免日久腐敗。

另外，大成殿的兩側翼角懸掛著銅鐸，採自《論語・八佾》記載：「天下之無道也久矣，天將以夫子為木鐸。」有教化之意；屋角脊下兩邊椽緣稱歸帶，上有一排銅鳥稱鴟鴞，鴟鴞是一種惡鳥，《詩經・魯頌》：「翩彼飛鴞，集於泮林，食

1687 年，大門外設立的滿漢文對照的下馬碑，還有在孔廟大成殿中懸掛的御匾。（攝影：蕭文）

▲◀台南孔廟的大成殿，在大成殿的屋頂上有一筒稱為通天筒，又稱藏經筒。（攝影：蕭文）

▲2005 年孔廟文化節以大成殿做成的臨時郵局郵戳，從郵戳中可看見，中央豎起的就是大成殿屋頂的珠塔。（攝影：蕭文）

▲大成殿的翼角懸掛著銅鐸，屋頂上頭則有鴟鴞。（攝影：蕭文）

▲2010年孔廟建廟三百四十五年，以台南孔廟大成殿為臨時郵局郵戳圖案，右方圓圈中的圖案為螭首，嵌在大成殿台基四角，作為洩水口，有獨占鰲頭之意。（攝影：蕭文）

我桑黮，懷我好音。」喻意為如鴟鴞這種惡鳥，終於會感化歸善，寓意為「有教無類」。嵌在大成殿台基四角的螭首，作為洩水口，則有獨占鰲頭之意。

每年九月二十八日教師節，都在大成殿前，以古禮舉辦祭孔典禮，表示對傳

▲2014年孔廟文化節台南市文化局製作的藏書票，上為封面，下為內頁，郵戳圖案為孔廟大成殿。

統文化的傳承與尊重，近年將這天訂為孔廟文化節。二〇一七年三月二十八日，郵局以大成殿前的祭孔大典作為郵票圖案。

日本文化的教育政策

日本時代，日本人希望殖民地的人民受過一定程度的教育，比較有利於提高整體社會的水準與統治，以及推行日語，所以在全台各地設立師範學校，培育國小師資。在

▲2015 年孔廟文化節臨時郵局郵戳圖案，上起，全台首學、大成殿、明倫堂。

▲2017 年 3 月 28 日，郵局以祭孔大典作為郵票的圖案。

這樣的前提下，到了一九四四年，國民學校共有九百四十四間，學生人數達八十七萬六千餘人（含女學童），台籍學童就學率為七十一・一七%；但日本也不希望殖民地人民受較高的教育，因此台灣的高等教育對象大多以日本人為主。

日本培育台灣人才以技術人才、基層人才以及國小老師為主，技術人才譬如醫師；所以，日本在一八九九年成立台灣總督府醫學校，一九三六年改為台北帝國大學醫學部，為台灣大學醫學院的前身。一九四四年，台北帝國大學共有學生三百五十七人，台灣人有八十五人，這八十五人中，文政學部有兩人，理農學部有一人，工學部有兩人，醫學部有八十人。透過這樣的數據，我們可以知道當時即使到了台北帝國大學唸書，台灣人的人數也不到一半，而學習的科系以技術導向的醫學系為主，因此，當時日本學者喜安幸夫批評台灣總督府的教育政策為愚民政策，以培育技術勞動者為主，刻意避開啟迪思想的法政與人文社會科系。

曾是領事館的西門國小

雖然日本的教育政策受到批評，但是日本提供的教育制度還是相當完善。一九二二年，首任文官總督田健治郎於四月一日頒布「新台灣教育令」，將初等教育方面分為兩種制度：一為常用日語者（即日本學童）設立小學校，修業四年；一為不常用日語者（即台灣學童）設立公學校，其目的在推行日語教育。這樣的區分經過了十九年，到了一九四一年，終於將公學校與小學校合併，稱為國民學校，義務教育不再區分台灣人與日本人。其實，在「新台灣教育令」頒布前，日本人就已開始為教育考量，在一九一三年四月，日本已在安平設立安平尋常小學校，專供日本人子弟就讀；這所學校到戰後更名為西門國小。

西門國小校址原為清朝時代的英國領事館，但現已了無痕跡。當時的英國領事館不只在西門國小校址一地，在一八五八年台灣開港後，英國共在三個地方設立英國領事館，這三個地方為淡水（舊名滬尾）、高雄（舊名打狗）以及安平。

▲西門國小操場為以前的英國領事館。（攝影：蕭文）

▲西門國小創校一百年的臨時郵局郵戳。

李麻牧師的願望——長榮女中

雖然到了日本時代，才開始推行完善的教育制度，但在當時，已經有中學，像是之前提過的長榮女中，就是在一八六七年，由英國長老教會李麻牧師在府城籌劃所成立的女子學校。但遺憾的事情是，籌劃的李麻牧師卻於一八七九年九月二十九日，罹患熱病逝於府城，葬在打狗山山腳砲台下的英商公共墓地，與其早逝的次子同穴，不過這個墓地現在已不存在。可是，這個計畫並沒有因為籌劃者過世而停止，英國母會女宣道會委任李牧師娘伊萊莎・庫克為第一位台灣女宣教士，她繼承了李麻牧師的遺志，繼續為籌設女子學校而

長榮女中的紅樓，上端白色的牆壁有一個校徽浮雕，下方白色陽台牆壁上有「1923」字樣，為這棟樓房完成的年代。

奔波，但最後李牧師娘因為身體健康狀況不佳，於一八八四年六月十三日返回英國。而學校則一直到了一八八七年二月十四日，在新樓（今台南神學院慕杯館址）才正式開設「台南新樓長老教女學校」，由兩位來自英國長老教會的女宣教師朱約安與文安兩位姑娘總理校務，有趣的事情是，當時唯一的入學條件是放棄裹腳布，解放小腳就能入學，不過，這樣的條件到最後只招到十九名學生。這所台南新樓長老教女學校，就是今天的長榮女中。

台灣中南部最早的中學——台南二中

當然，日本也創設了中學，在西元一九一四年五月，日本為方便南部的日籍學生就學，在台南設立台灣總督府台南中學校，為日本時代台灣中南部最先設立之中學。這間學校，最初使用兩廣會館作為校舍，兩廣會館位於南門路，現在的台灣文學館東側，可惜的是現在已被拆毀。到了一九一五年，台灣南部官民共同捐贈大北門外兩萬多坪土地作為校舍，即現址。又過了七年後的一九二二年，總督府頒布「新台灣教育令」，中等學校交由各州管理，學校更名為台南州立台南第一中學，台籍學生占十分之一。這個名字在戰後被更名為台灣省立台南第二中學（簡稱南二中），其中有一段短暫的時間劃歸南一中。台南二中沿著台南城牆北面外側興建，這裡所說的台南城牆，位於現在的公園北路南方，台南公園內。

▲日本時代台南二中的大門，目前為側門。（資料來自：傅朝卿，《台南市日據時期歷史性建築》，台南市：台南市政府，1995 年，頁 73。）

▲台南二中校側門右邊矗立著日本時代「臺灣總督府臺南中學校」的校名。（攝影：蕭文）

▲台南二中前面就是公園北路，以前的台南城牆。（攝影：蕭文）

▲南二中一百年校慶臨時郵局郵戳。

日本設立的第一間女子中學——台南女中

在台南二中創設的三年後，也就是一九一七年，日本政府在設立公立女子高等普通學校的政策下，在台南設立了台南女子高等普通學校，這是台南女中的前身。台南女中跟台南二中一樣，最初也使用兩廣會館做校舍，之後才遷入現址

▲台南女中南面的圍牆為台南城牆的內側。（攝影：蕭文）

▲台南女中的紅樓。

▲1923 年的台南女中。

▲南二中一百年校慶臨時郵局郵戳。

新建的校舍，有趣的事情是，台南女中也沿著台南南面城牆興建，其中一部分城牆還成為了學校南側的圍牆。

被稱為竹園岡的台南一中

在台南最晚創辦的中學，是我們現在所說的台南一中，在一九二二年，依據「新台灣教育令」，成立台南州立台南第二中學校，為五年制，供台灣人就讀；有趣的事情是，由於觀點的問題，當時被稱為南二中的學校，到了戰後更名為台灣省立台南第一中學（簡稱南一中），分為初中三年與高中三年兩個學制。日本時期的台南州立台南第一中學改名為台灣省立台南第二中學。

南一中位於一座小山丘上，海拔高度在十八至二十公尺之間，它的校門正對的民族路一段是

台南一中東側門面對的勝利路以前是台南城牆東側。（攝影：蕭文）

一個大下坡，可以說明它是一個高地。這裡以前種滿竹子，清朝時代被稱為西竹圍，日本時代則稱竹園町，因此讓這所學校有了別號，叫做竹園岡，校門口有一個大石頭上面刻著「竹園岡」三字。

台南一中與台南女中一樣，是沿著台南市城牆內側興建的學校，台南一中東側門面對的勝利路，以前是台南東面的城牆。

在一九六〇年代，這三所學校裡的社團，最特別的就是南一中，因為南一中當時有一個社團相當活躍，就

▲台南一中校門旁的石頭上刻著「竹園岡」三字。（攝影：蕭文）

▶日本時代台南一中的校門。

◀1968年南一中校慶郵展臨時郵局郵戳以及以校門為圖案的校慶紀念戳。

是集郵社。集郵社每年校慶都在圖書館舉辦郵展，當時郵展不多，一所中學能夠每年舉辦郵展，是相當難得的一件事情，可惜的事情是，目前南一中集郵社已經解散了。

進社會外的新選擇——台南大學

中學畢業後，就到了該考慮要繼續升學，還是入社會工作的轉捩點，而在一八九九年，日本政府也在台灣提供了另一個求學的選擇，在台北、台中以及台南各設了一所師範學校，培育國小師資。當時學校的場地，使用的是三山國王廟做校舍，中間經過了一段時間的停辦後，改為使用赤崁樓做校舍，最後直到一九二二年，現址的新校舍才正式落成遷入。這間學校在戰後更名為台灣省立台南師範專科學校；一九八七年又更名

日本時代台南大學的校門。

為台灣省立台南師範學院；二〇〇四年更名為國立台南大學。

成功大學

當然除了台南大學以外，台南還有別間大學。一九三一年正月於台南市小東門外創立的「台灣總督府台南高等工業學校」，校地即現在的成功校區，創校之初設有機械工學科、電氣工學科和應用化學科。一九四二年改為台南工業專門學校，招收中學校畢業生，修業年限為三年。一九四六年二月改制為「台灣省立台南工業專科學校」，為專科學校層級，由王石安博士擔任校長。同年十月又改制為「台灣省立工學院」，仍由王石安博士擔任校長。一九五六年八月，改制為「台灣省立成功大學」，由秦大鈞博士擔任校長，同時增設文理學院及商學院。

▲成功大學校園內有一小段台南城牆。

▲位於成功校區的格致堂為創校初期的建築，是一座講堂，又被稱為小禮堂。（攝影：蕭文）

成功大學四周都是軍營，因而提供了這個學校發展的空間。在二次大戰結束後，僅有成功校區，以工學院科系為主，每個系都有獨立的系館，系館為方形，有一個庭院，形成獨特的風格。到了一九五〇年，成功大學購入勝利校區，這區以宿舍區以及圖書館為主，一九五〇—一九六〇年代，成功大學有不少來自馬來西亞、印尼、香港與澳門等地的僑生，在這裡興建兩層樓的僑生宿舍供僑生居住，因此，成大校園內可以聽到廣東話。一九六六年，成功校區隔著勝利路對面的地區，在日本時代為日本台灣步兵第二聯隊，台灣光復後，為國軍第二、十及八軍部使用，稱為光復營區；國軍部隊遷移後，這個營區劃歸成功大學，成為成功大學的光復校區；一九六九年十月，成功大學將文理學院分為文學院及理學院，將文理學院及商學院遷至光復校區，光復校區的日本台灣步兵第二聯隊營舍，為紅磚拱廊的建築，具有特殊風格，保

日本時代台灣步兵第二聯隊營門，現為成功大學光復校區。

留三、四棟建築，其餘的都拆除，建築新的教學大樓。這一段勝利路，原為校外的一條路，以後成為貫穿成功大學校區的一條道路。

一九七一年，成功校區北面的軍隊撤走，該營區納入成杏校區，成立醫學院。一九八三年八月，又納入附近撤離軍隊的營區，成立自強校區及敬業校區，兩個校區都是工學院。成功大學的力行校區，是日本時代的日本陸軍台南衛戍病院，台灣光復後為陸軍八〇四總醫院；一九八七年，陸軍八〇四總醫院遷移，該營區成為成功大學力行校區，這個校區將原日本陸軍台南衛戍病院的建築完全保留下來，紅磚抬高地板式建築、拱形走廊以及木製的長廊，加上綠樹成蔭，有如進入夢境，是成功大學最美的校園，也是全國前幾名景色優美的校園，同時保留一棟陸軍八〇四總醫院時代的建

日本時代日本陸軍台南衛戍病院，後來成為成功大學力行校區。

築——家寶醫學研究室以及當時的院長焦文魁的名字。成杏校區與力行校區以醫學院各科系為主，力行校區還有社科院與台灣文學系。成功大學敬業校區，以教職員宿舍為主。成功大學是全國校區最集中的大學，原來的小東路與長榮路都是校外的道路，現在這兩條路成為貫穿成功大學的道路。總之，現在成功大學校區分別被勝利路、小東路以及長榮路貫穿切割，在台灣的大學中，這是相當特殊的。

結論

台灣的教育制度始於中華文化的孔廟，這是中華的傳統教育制度；清朝末年，英國基督教傳教士帶來西方教育制度，造成中華傳統教育與西方教育制度並存的局面。日本時代帶進

成功大學的校徽，與其使用的郵戳及掛號郵件機銷戳。

完整的西方教育制度，從小學、中學、專科、師範到高等教育，日本經營團隊以西方教育制度灌輸日本文化，希望藉此取代漢文化，使台灣人日本化。二次大戰後，國民政府經營團隊帶來的西方教育制度與日本經營團隊的相同，不同的是，它以漢文化為主，使台灣與漢文化再度銜接。

明清時期的中華傳統教育制度只有社會上少數人才有機會接觸到。清末的西方教育以基督教為核心。日本的經營團隊建立完整的西方教育制度後，教育才普及到社會各階層，此時的教育區分為日本人與台灣人兩種，有身分上的差異。國民政府經營團隊的西方教育制度是一視同仁，每個人，不論身分、地位以及經濟情況，都有同等受教育的機會。

所以，台灣的教育制度隨著經營團隊的更迭，相對應的進行調整，它的制度受到傳統中華文化、西方文化、日本文化以及二十世紀吸收西方文化的漢文化的影響，這是它特殊之處。

參考文獻

張炳楠監修，《台灣省通志・卷五・教育志教育設施篇》，台中市：台灣省文獻委員會，一九七〇年。

輯九

交通革新的時空收斂

——火車站、郵政局、安平港、台南機場

郵票上的台南火車站

台南火車站是年代悠久的一個火車站，而它的身影除了到台南能看到以外，我們也能在郵票與郵戳上發現它的蹤跡。台南火車站的郵戳從日本時代就已開始使用，而靠近現代一點的二〇〇五年，郵局採用台南火車站做郵票圖案，並鐫刻風景郵戳，台灣燈會也推出了一系列的郵戳。當然要認識台南火車站，就必須從台灣建設鐵路開始講起了，而台南火車站又是由誰建造，在西元幾年建造完畢的呢？

▲2005 年台灣燈會發行的台南火車站臨時郵局戳以及郵票。

▲日本時代的台南火車站郵戳。

完成台灣縱貫鐵路

清朝光緒年間，劉銘傳出任台灣巡撫，他上奏興建台灣鐵路的奏摺中寫道：「非造鐵路，不足以繁興商務，鼓舞商機。」一八八七年，朝廷批准他興建台灣鐵路的案子，這是中國第一條以載客為目的的鐵路。這條鐵路縱貫台灣南北，又稱縱貫鐵路。劉銘傳向南洋的閩籍華僑募款興建，任命提督劉朝幹督辦工程，

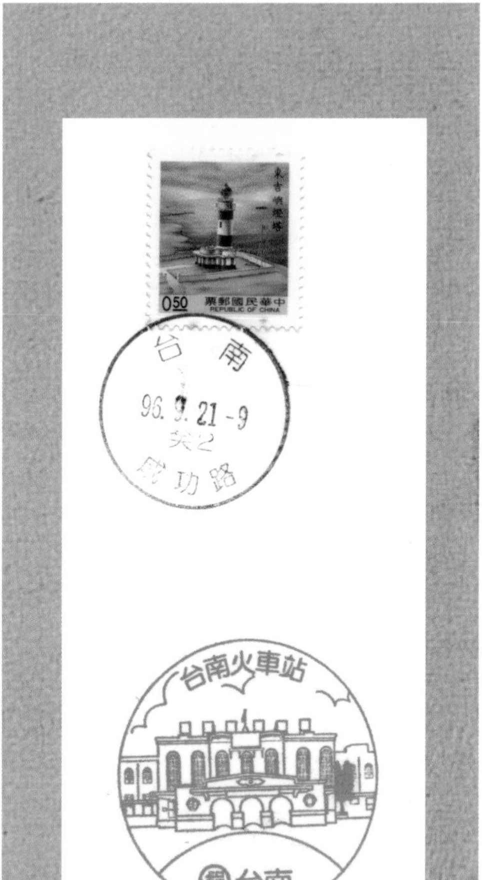

▲台南火車站風景郵戳。

◀清朝光緒年間，出任台灣巡撫的劉銘傳，為興建鐵路的先驅。

聘請德國人貝克為監督，英國人馬勒桑為技師，測量路線。該年六月，劉銘傳率領文武百官乘坐轎子到當時的台北車站，也就是台北大橋頭，又稱大稻埕，參加破土儀式。

最先興建的是台北經獅球嶺，到基隆港一段，長約二十八公里，使用三英尺六英寸軌距，基隆獅球嶺隧道工程，從一八八八年春天動工，到一八九〇年八月完成，全長二百三十五公尺，費時三十個月鑿通，為台灣第一座鐵路隧道，亦是目前唯一僅存的清代鐵路隧道，同時也是當時中國的第一座鐵路隧道。一八八八年，興建台北到新竹（當時稱為竹塹）一段，一八九三年完工通車，長約七十八公里。有趣的事情是，劉銘傳當初出任直隸總督時，曾建議中國興建鐵路，引起輿論譁然，未能成功，這個目標最後卻在台灣成功了。

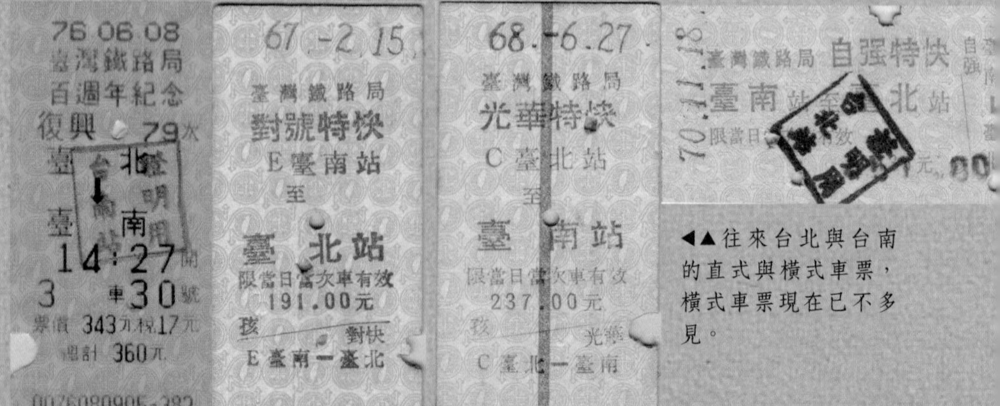

◀▲往來台北與台南的直式與橫式車票，橫式車票現在已不多見。

▲往來台北與台南的特快車票與百年紀念車票。

擁有鐵道旅館的火車站

之後到了一八九六年，日本統治台灣後，為強化統治權以及交通運輸，將興建台灣鐵路列為首要的施政計畫。一八九九年，後藤新平成立台灣鐵道部，並兼任鐵道部部長，籌款兩千八百餘萬日圓，聘請鐵道技師長谷川謹介規劃縱貫鐵路，大幅度修正清代的舊線，由南北兩端同時鋪設路軌，在一九〇八年於中部接軌，全線通車營運。從基隆到高雄，總長度四百零四點二公里。台灣總督府在同年十月二十四日，於台中公園舉行「縱貫鐵道全通式」。

一開始提到的台南火車站，是在一九〇〇年五月興建，當時稱台南驛，是很特別的木造車站。一九〇八年，縱貫線全線貫通，改變台灣的空間環境，將過去台灣南北需時數日，縮短至一

1900 年落成的台南火車站，當時稱為台南驛。

▲1936 年改建落成的台南火車站。

▲1900 年落成的台南火車站月台，有一列火車正升火待發。

▲日本時代的台南火車站，右邊遠方有蒸汽機車加水的水塔。

▲一列貨車在台南火車站蓄勢待發，從車站後方拍攝。

日內，可以說是一大躍進。一九二七年，縱貫鐵路台北至竹南段與台南至高雄段鋪設雙軌，同時改建台南火車站，由日本籍建築師宇敷赳夫設計，建築風格採盛行於一九二〇年代的折衷主義，一九三六年三月十五日落成使用，並使用至今。台南車站不同於其他車站最特殊的地方在於，它有設立鐵道旅館，也是台灣唯一擁有鐵道旅館的車站。

一九七八年中山高速公路全線通車前，縱貫鐵路是南北往來唯一的交通工具，多少迎送在車站上演，當年到台北讀書都是坐縱貫鐵路，台南車站在許多台南人的生活中有難以磨滅的印象。

清朝的海關郵務

你可能不知道，台灣的郵戳是先有英文，以後才有中文，個中原因敘述於後。一八五八年（清咸豐八年），清政府與英、法、美、俄國，簽訂天津條約，規定各埠成立劃一的海關。台灣於天津條約中開埠後，設置淡水關及台灣關，一共開放四個口岸，兩正口及兩外口，滬尾和雞籠合稱淡水關，打狗和安平合稱台灣關。

清政府於一八六一年在安平設立海關，並兼辦郵務，有自己的郵戳。清政府的海關由英國人經營，安平亦不例外。安平海關的郵戳有三種，都是英文。香港郵票可以銷安平郵戳，說明香港郵票可用於安平寄發香港的郵件上。

一八六五年（清同治四年）一月一日，安平港正式開港，在港口與鹽水溪口設立安平海關，為打狗港的分關。十九世紀，中國的海關由英國人羅伯特·赫德（Robert Hart，一八三五—一九一一）主理，他擔任晚清海關總稅務司長達五十年（一八六一—一九一一），他不具英國官員身分，是中國人聘用的。安平港開港後，循例由英國人威廉·畢克麟（William A. Pickering，一八四〇—一九〇七）負責關務，進出的商船必須在此停泊繳交關稅。這個地方連接五條港，英、美、德等外國貿易商開始到府城發展，

▲安平海關使用的三種不同格式的郵戳。

◀小龍1分銀蓋銷紅色安平海關英文郵戳，時間為1895年3月20日。

◀香港郵票上銷安平海關英文郵戳，時間為1890年4月13日。

並於安平與五條港區開設洋行。台灣以沙鹿港為界線，北部以淡水港為中心，南部以安平港為中心，形成兩大市場，這兩個港口為這兩個市場的貨物吞吐口。

清朝時期的台灣郵政

你可能不知道，中華郵政始於台灣，個中原因敘述於後。

一六八三年（清康熙二十二年），清朝占領台灣後，沿用大陸的制度，在台南、鳳山、諸羅（今嘉義）三縣，建立驛站，傳遞軍事文書。由於台灣沒有馬，所以沒有驛遞。一八七四年（清同治十三年），船政大臣沈葆楨改為站書館。

一八七七年（清光緒三年），福建巡撫丁日昌在台南設立文報局，辦理台灣與大陸往來文件的收發轉運事務。一八八一年（清光緒七年），岑毓英擔任福建巡撫，在基隆設立台北文報局，當時基隆屬於台北府。後改設在台北。

一八八六年，台灣成為清政府的一個行省。首任台灣巡撫劉銘傳在給清政府的奏摺中提出：「台灣一島孤懸海外，往來文報屢阻風濤」，經清政府批准，於一八八八年二月二十一日（清光緒十四年正月二十日），以台北文報局為基礎，設立台灣郵政總局，收寄民間郵件，發行郵票，首任總辦，即局長，是張維卿。台灣郵政總局下設總站、正站、腰站與旁站。共設有兩處總站，十五處正站，十五處腰站，十三處旁站。

總站是一完整的郵政機構，出售郵票、收寄郵件，封發並投遞郵件。利用原有的文報局，在台北、台南各設一總站，對大陸往來，仍稱文報局。自台北總站向南，經中壢、新竹、彰化、嘉義、台南（總站）、鳳山至恆春，計九百里，稱為南路；自台北總站向北，經基隆、頂雙溪至宜蘭，計二百七十里，稱北路。

劉銘傳「改驛為郵」是一創新的措施。一八九六年三月二十日，成立大清帝國郵政官局，台灣郵政總局較之早八年；大清郵政局於一九一一年（清宣統三年）脫離海關獨立設立，台灣郵政總局較之早二十三年。

一八八八年，發行用木版雕刻，手工蓋印的郵票，分為官用和民用兩種，合稱站票。供官方使用的稱為台灣郵票，又稱台灣郵票驛站票，免費供官府寄遞文書使用，使用時記重量不付郵費，類似現在的公務用郵。供民間使用的稱為郵政商票，又稱郵政商票驛站票，貼用後需由站銷戳，填寫重量、郵費、

1888年（清光緒十四年）劉銘傳設立的台南郵政局，該址現已不存，位於現在忠義路中華電信機房北側。

日期等，站相當現在的郵局。郵票和票根中縫填寫發信的部門或郵站的簡稱（「＊字」）和信件編號，以備查核。

台灣郵票為木刻雕版，用黑色油墨，手工蓋印在紙上，木版每印若干枚後，即銷毀，待添印時，再刻木版重印。每枚郵票的左邊為存根聯，右邊為郵票聯，中間騎縫處印有「字號」兩字，票面上並無面值。郵票無浮水印、無齒孔、無面值。由於手工蓋印，郵票的墨色有濃淡差別，字跡有輕重，紙質有白色及黃色連史紙，有白色之橫條或直條紋紙。

台灣郵票有兩種版式。第一版上端有篆文「台灣郵票」四字，其餘均為扁宋字體，票幅四十七×六十二毫米，左邊為票根，印有楷體「根」字及發信日期、時間。每次刻版，字跡都不同，所知共有八種版模。每印一枚為一全張，累積一百枚，裝訂成一冊，裝訂線位於上端或左邊之邊紙上。

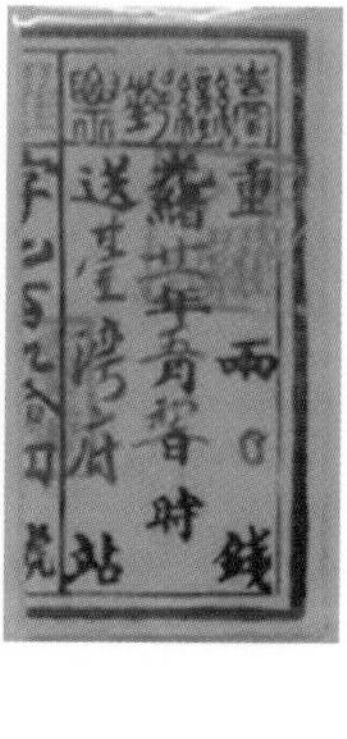

◀實際使用的台灣郵票，寄達地為台灣府，即台南。

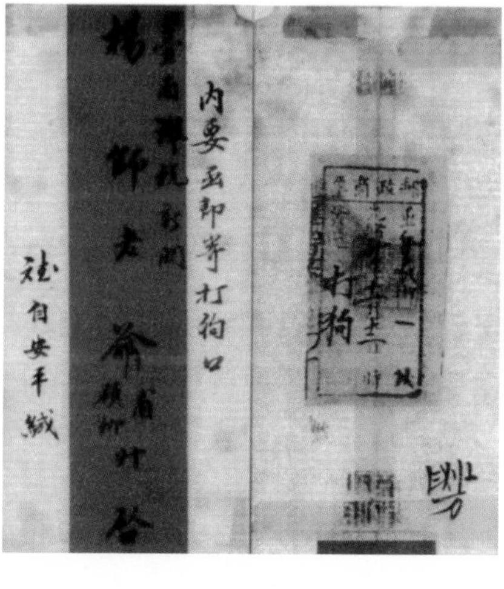

◀第二版郵政商票實寄封，由安平寄打狗。打狗即現在的高雄。

第二版票幅較大，五十一×六十六毫米，左上端有篆文「郵票根」三字，印有信件重量及送達站名。只有一種版模。全張印五枚，有直排與橫排兩種。

日本時期從野戰郵局到郵便電信局

戰爭時訊息的傳遞，可以左右戰局，被視為戰爭成敗的主要因素而受到重視，因此日本開始在戰地設立野戰郵局，這點在台灣也不例外。一八九四年，朝鮮發生東學黨事件，日本軍事於六月二十六日在仁川登陸後，設立野戰郵局，這是日本野戰郵局的開始。

一八九五年一月十三日，日軍大本營決定在威海衛陷落後，編組南方派遣艦隊搭配大佐比志島義輝率領的陸軍部隊，該部隊又稱比志島支隊，準備進攻澎湖，此時甲午戰爭已經結束。日本首相伊藤博文想利用優勢兵力進攻澎湖，殲滅清朝在南方的剩餘艦隊，控制台灣海峽，同時對攻占台灣預做準備，如果造成既成事實，就能為和談爭取到有利的條件。這支艦隊於三月十二日集結於佐世保軍港，因天候不佳，直到三月十五日才出發，二十日下午抵達澎湖群島南端的八罩島（今望安島）的將軍嶼。二十三日九時三十分許，日軍艦隊的浪速、秋津洲、高千穗等三艘軍艦開始對澎湖馬公東北裡正角的拱北砲台密集砲擊，藉著砲火的掩護，日本陸軍於當日下午在裡正角良文港等處登陸，旋即向內陸推進，三天後的二十六日完全占領澎湖。三月二十七日，隨軍的郵便電信書記秋山啟之、書記官補吉田魁，以野戰郵便吏的身分，在媽宮城澎湖廳總署內開設「混成第一野戰郵便局」，此為台灣第一個出現的野戰郵局。這時的野戰郵局郵戳上沒有「野戰郵便」字樣，只有使用朱紅色油墨。

一八九五年十月二十一日，近衛師團第二師團步兵第十六連隊進入台南；隔日，南進軍司令部移駐台南；十月二十五日，郵政總監伊藤重英在台南設置「第十台灣郵

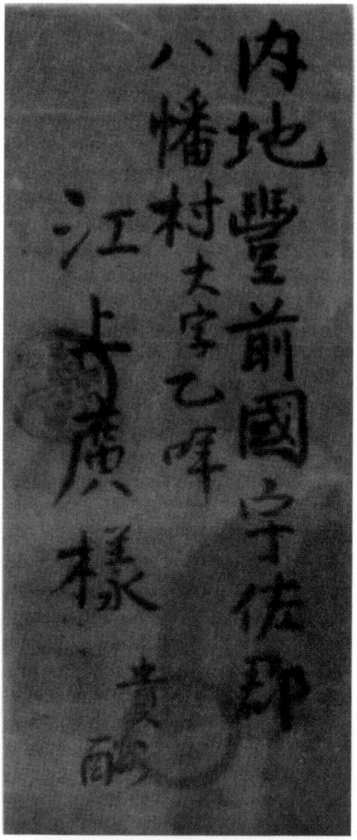

一開始的郵局郵戳上頭只有朱紅色油墨，之後已有字樣在上頭。

便局」，每天一次派腳夫收送安平地區郵件，以後又開闢水路經安平到台南的郵路。

一八九六年一月八日，台灣總督伯爵樺山資紀以永久十八之一號公文，命令各野戰郵局開辦普通郵政。同年三月三十一日，總督府參謀長男爵大島久直以申民內第三四一號公文，廢止野戰郵政，改由民政局接管，結束了野戰郵局的時代。

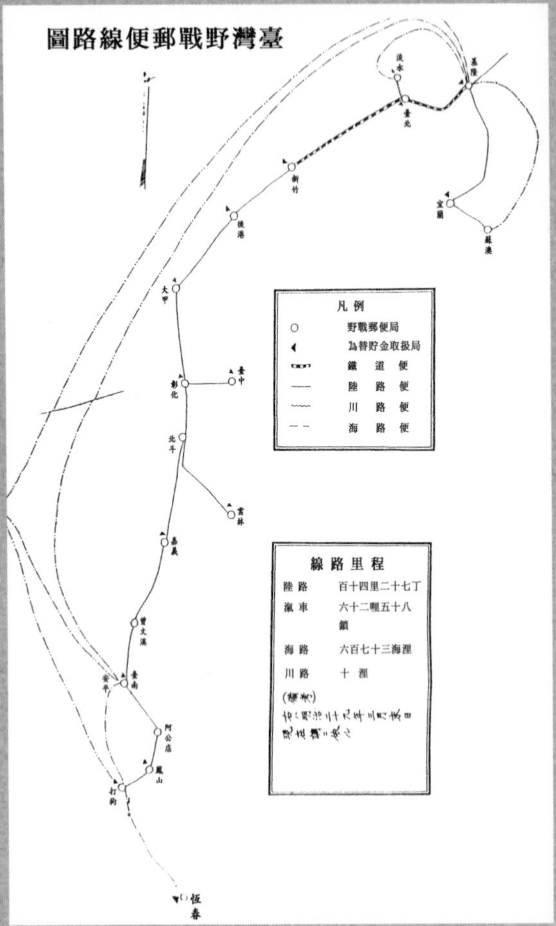

日本時代，台灣初期野戰郵便線路圖。

安平郵便電信局

西元一八九六年四月二十日，由民政局接管野戰郵局，設大稻埕、安平兩個郵電支局。日本的郵局與電信是合在一起的，稱郵便電信局，所以日本時代初期郵戳有「郵便電信局」字樣。

當然，日本和清朝還是必須有所往來，所以在一八九九年一月一日，台灣總督府與清朝簽定郵件交換章程，除了直接互換郵件之外，其餘視同國內郵件處理。接著到了一九〇三年四月二十二日，清日正式簽訂互寄郵件、總包章程，規定中日兩國可以在通商租界互換郵件。

但是，郵便電信局這個名字並沒有存在太久，一九〇七年，郵便電信局更名為郵便局，繼續掌理電信及電話業務。從此開始，郵便局的工作就越分越細，像是一九一〇年五月十五日，開辦清韓小包，指定基隆、淡水、打狗、安平等郵便局為交換局，還有一九一二年，電話業務改交總督府民政局辦理。

台灣與清國的郵件往來，起初只指定淡水與打狗兩郵便局，

1896 年，當時，日本的郵局與電信是合在一起的，上面是蓋銷郵便電信支局郵戳的日本郵票。

與廈門工部書信館交換郵件，後來增加基隆與安平。台灣總督府開辦命令航線，補貼開辦航線的輪船公司，並規定需免費運送郵件。一九〇〇年四月四日，大阪商船開辦安平香港航線，路線為安平↓廈門↓汕頭↓香港，每月兩回。打狗首先被指定為國際交換局，但由於打狗港沒有香港輪船停泊，於是九月一日起，增加安平支局為交換局，打狗方面郵件以船運送至安平，再由安平港出口。

初期寄往清國的郵件，都是交由在廈門的香港郵政局轉運。但是寄往華中、華北等地的郵件，再經過廈門轉遞，路途反而變遠，時常耽誤時效。於是台灣總督府特別開設天津、上海等地命令航線，直接將郵件運至天津、上海等地郵局轉運。

▲1915 年，此時電話業務從郵便局劃分出來，改交總督府民政局辦理。

▲蓋銷台灣安平郵戳的日本郵票。

◀日本時代的安平郵便局。

而上海地區寄至台灣的郵件，本來由上海日本客郵局收件，轉送至日本內地，再利用內台郵路送至台灣，後來也因迂迴轉送，耗時過久，且不方便，在一九〇三年十一月十一日起，日本客郵局收件後，轉交英國客郵局轉運，路線改為上海日本客郵局↓英國上海客郵局↓香港↓淡水、打狗或安平，改善了耗時過久的問題。而由安平寄出的國際郵件，會在日本郵票上蓋銷英文郵戳，上面有 Anping Taiwan 字樣。因此，在政權交迭期間，為了運送郵件，安平扮演轉口的角色。

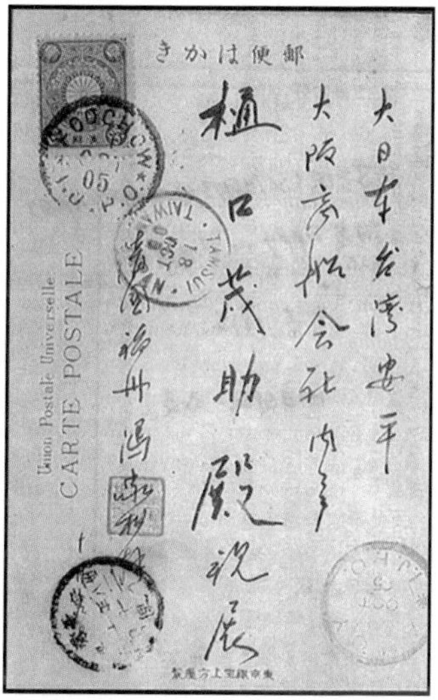

▲清朝時代福州寄安平郵件，使用日本明信片，郵路為福州日本客郵局 1905 年 10 月 9 日→廈門日本客郵局 10 月 10 日→淡水 10 月 18 日→安平 10 月 20 日。

▲日本郵票上蓋銷英文 Anping Taiwan 郵戳。

▲愛丁堡寄台灣郵件，左下角紫色的圓戳有英文字 Anping，說明經香港到安平。

台南郵政局

日本人於一八九五年十月二十四日在台南設立第十野戰郵便局，隔年一八九六年四月一日後改為台南一等郵便電信局。最初的營業地點沿用清朝的郵政機構，設在溫陵媽廟，是日本時代初期，第一個郵局與電信局合併的郵便電信局。這間郵便電信局，於一九一〇年，遷至由森山松之助所設計的新廳舍，位置即今忠義路和民生路口，它是仿巴洛克風格建築，牆壁上的雕飾非常精細，裡面是挑高的大廳，非常氣派，也是一棟相當漂亮的建築物。大門進去右手邊為集郵櫃台，我曾在這棟大樓進出多次，在集郵櫃台買郵票。但這棟建築在一九七三年被拆除，改建成中華電

日本時代安平寄上海郵件，明信片貼 5 錢及 1 錢菊郵票各一枚，郵資共 6 錢，郵路為安平 1906 年（明治 39 年）4 月 28 日→淡水 4 月 30 日→福州日本客郵局 5 月 1 日→上海日本客郵局 5 月 4 日。

信機房，成了普通的一棟水泥建築。

日本在明治時代，大量吸收西歐文化，引進西方的建築技巧、材料和風格，因此這段期間的建築，表現出濃厚的歐洲風格，而與以往木製的傳統風格建築有極大

▲日本時代在溫陵媽廟的台南一等郵便電信局。

▲日本時代興建的台南郵局大樓，為華麗的仿巴洛克式建築，門楣上的字為「台南郵便局」。

差別。此時，歐洲的建築流行復古風格，所以日本時代在台灣的建築物，以高挑的大廳與華麗裝飾的仿巴洛克風格為主，台南郵政局、台南州廳以及台南火車站都是例子。

日本時代的安平港

台灣進入日本時代後，沿襲了清朝的政策，訂定安平、打狗、淡水與基隆為對外貿易的港口，此時，對日本而言，中國是外國，所以規定中國船隻需在這四個港口報關納稅。安平的出口對象以中國為主，出口的貨物以糖為主，出口到日本的糖占台灣糖生產量的一半以上。但進入二十世紀後，安平港由於泥沙淤積愈為嚴重，加上蒸汽推動，噸位大，吃水深，安全性高的鐵殼船取代木殼船的情況日益普及，安平港的商業功能逐漸被打狗取代，而喪失海港功能。

這張照片應該攝於1940年代末期，二次大戰結束，日本撤離台灣，門楣上的字為「交通部郵政總局」。

日本時代，台灣總督府利用舊運河水道，疏濬安平海關循鹽水溪至海口一段，但是舊運河易於淤積，需經常疏濬，在經濟考量下，於一九〇八年興建高雄港取而代之。一九二一年至一九二六年間，台灣總督府開鑿台南新運河，於終點設置堆貨場倉庫，碼頭約一，七八〇公尺，但由於出口的一段河道淤塞，所以在一九三五年至一九三六年間於舊港口南二公里處闢安平新港，並修築兩道導流堤，港口長一百六十公尺，自港口再挖濬航道二公里，與新運河接通，築岸約五百公尺，總經費七十七萬日圓，可惜的是，這個港口在第二次世界大戰末期受到破壞。日本開鑿運河，向中正路底挖進一小段，並設立小碼頭；為了提供漁船停泊，在附近設立造船廠、製冰廠，和各種商店，這段運河後來稱為運河盲段。也因為這一小段河道與碼頭，使當年的台南市帶有海港的味道。

一九四九年三月，建安客輪經營台南市到安平的客運，該公司有建南九、十、十一、十二號小客輪，噸位約九點五噸到十三噸，這時期要搭乘的客人，可以到中正路底的一個碼頭，從此搭乘汽船去安平。當時一九五〇年代，我就是在這裡搭乘汽船去安平，船票五角，顏色是朱紅色，我喜歡坐在汽船後的陽台，迎面而來的風夾雜著點點水滴打在臉上，是另一種感覺。一九六九年，台南到安平間的客運暢通，汽船難與客運競爭，最後只好停駛汽船。一九八四年，市政府出售運河盲段，建立

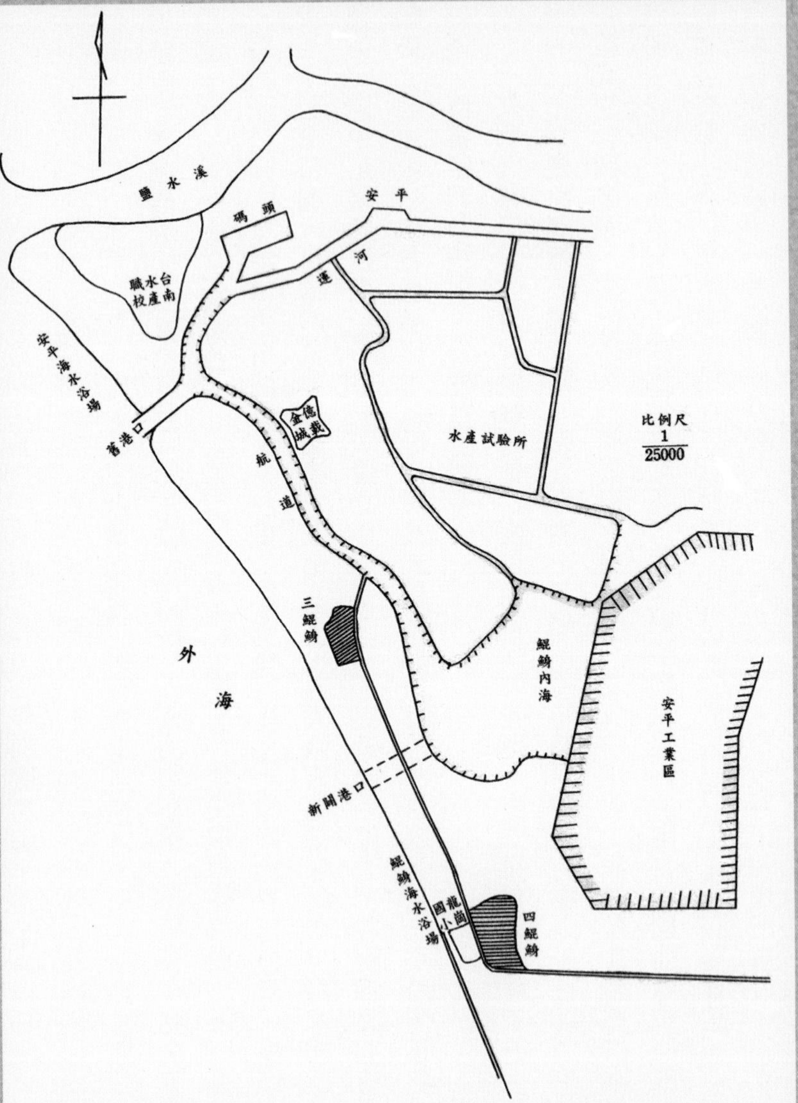
鹽水溪
碼頭
安平
運河
台南水產職校
安平海水浴場
舊港口
億載金城
航道
水產試驗所
比例尺
1
25000
三鯤鯓
外海
鯤鯓內海
安平工業區
新闢港口
鯤鯓海水浴場
龍崗國小
四鯤鯓

安平港形勢圖。

▲運河位於中正路底的碼頭，從這裡可搭汽船到安平。右下方有一個平頂的船就是開往安平的建南號汽船，左下方有一個突出在水裡的呈U形的東西，是搭乘汽船的碼頭。

▲1960年代中正路底的運河，左方屋頂後面有兩艘平頂的船就是建南號汽船。

中國城大樓，至此運河盲段也消失在生活中。

進入二十世紀以後，安平港的淤泥更加嚴重，一九〇八年，縱貫鐵路全線通車；一九二七年起鋪設雙軌，台南市的交通中心從安平轉移到台南火車站，安平港的運輸功能更是一落千丈，逐漸沒落，最後安平港成為了一個小型漁港，不再有運輸的功能。

台南機場

日本時代初期，為便於與台灣的聯繫，全力發展航空，興建飛機場，因為空中聯繫較海路要快，首先發展航空郵遞，之後才加入客運。此外，由於台灣距離南洋以及中國的華南、華東較日本近，台灣又是從南洋北上日本必經之地，是日本的屏障，所以日本在台灣興建不少軍事基地，一方面護衛日本，一方面作為日軍前往南洋以及中國的華南、華東的轉進基地。

日本政府選擇台南南方約五・五公里的新豐郡永寧庄鞍子及十三甲為機場，於一九三七年一月三十日破土，當天陸軍屏東第八飛行聯隊長川添長太郎，陸軍嘉義第十四飛行聯隊長尾關一郎，台南州知事川村直岡等人均被邀請，出席破土儀式。

日本稱「台南飛行場」，美軍稱「Einansho Airport」，「Einan」為日語「永寧」的拼音，「sho」為「庄」。同年五月底完工；六月一日取得飛行場使用許可；這天一架日本航空株式會社的中島機前來試飛，台南州知事川村直岡率員前往歡迎；同月二十七日正式開幕，陸軍派九架戰機臨空致意。

一九三七年九月二十一日，開設台南、馬公間航空二等郵路，每週三回（星期二、星期四、星期六），這段航程全程九十公里，所需時間四十分鐘。隔年一九三八年四月一日，新開辦了「台南經屏東、台東到花蓮港」間的定期航空郵件班機，完成台灣島內循環航空郵路，飛行路線為台北經台中、台南、屏東、台東、花蓮港、宜蘭到台北，循環航空郵路線則分為東線與西線。

戰爭帶來的轉變

上面所說的那些飛航，最後由於戰爭的緣故，於一九四〇年十月一日，停辦島內航空，將所有資源挪為軍用，日本海軍航空隊進駐台南機場，該基地有主跑道三條，大型機庫七座，機堡三十九座，可容納各型飛機一百五十架，之後又不斷擴建，規模更大，設施更完備。太平洋戰爭後期，美軍將日本在台灣興建的機場分為八類，分別為重轟炸機機場、中型轟炸機機場、戰鬥機機場、重轟炸機降落場、戰鬥機降落場、緊急降落場、水上機場、輔助水上機場。而台南機場屬於中型轟炸機機場，它有四條跑道，與日本海軍航空隊的岡山機場一樣，次於日本海軍航空隊的新竹機場的五條跑道。而也因為上述的原因，民航業務轉移到一九四〇年三月一日啟用的永康機場。

太平洋戰爭期間，日本在歸仁興建飛機場，歸仁機場的英文名稱為 Chitkao 或 Shichiko，作為台南機場的備用機場，戰後這個機場作為陸軍航空隊機場。由於台南機場與歸仁機場鄰近，常有飛機降錯機場，擔任日本海軍設施部的台籍監工謝天生在訪談時表示，太平洋戰爭後期，有一天下午，許多飛機從中國與滿洲調來，準備第二天出擊美軍航空母艦，誤降歸仁機場，當時天色已晚，只好在歸仁過夜，這些飛行員二十歲上下，他們招待這些飛行員吃西瓜；他們於第二天清晨四、五點起飛出發，十點多回航的飛機不到三分之一，許多飛機機身都是彈孔，有些機翼被打斷。

二次大戰結束後到一九五二年這段期間，台南機場未部署戰鬥部隊，由於台南機場的跑道長，而作為新竹第八轟炸大隊的 B-24 重轟炸機轟炸上海的轉場機場，B-24 空機從新竹飛到台南機場，在此加滿油，掛彈之後，從台南起飛轟炸上海。因為轟炸機加滿油，掛了炸彈之後，起飛總重量增加，需要較長的起飛滑行距離，新竹機場的跑道不夠長，所以利用台南機場。

一九五三年，德懷特・大衛・艾森豪（Dwight David Eisenhower, 1890-1969）出任美國總統，他積極援助我國。當時，台南機場是全國設施最完善的機場，被選為換裝噴射戰鬥機的機場，部署戰鬥部隊。於是台南基地成為訓練噴射戰鬥機飛行員的大本營，各部隊輪流調派人員來台南基地學習飛噴射戰鬥機。

冷戰期間，美國對共產陣營的策略以圍堵為主，面對中國大陸，台灣位於第一島鏈，成為民主陣營的前哨站，有其重要地位。一九五五年一月二十八日，美國國會通過「授權美國總統協防台灣及澎湖之決議案」，次日，大衛・艾森豪簽署生效，簡稱「台灣決議案」，授權美國總統在必要時，為確保防衛台灣與澎湖抵抗武裝衝突之特定目的，可使用美國武裝部隊。台南機場的跑道長，設施完備，駐有美軍第十三航空隊，附近有亞洲航空公司（Air Asia），它的後台老闆是美國中央情報局（Central Intelligence Agency, CIA），被美國選為部署屠牛士飛彈的基地。一九五七年五月七日，配備屠牛士（Matador）飛彈的美國空軍第二十四戰術飛彈營，進駐台南基地，該單位隸屬第十三航空隊，歸美軍協防台灣司令部指揮，使用的屠牛士導彈是較新型的TM-61C，依照美軍的編制，每個中隊有六個發射架、配備二十五枚導彈，每個發射架有兩個發射小隊。該年十月部署完成。一九五七年十一月，美國空軍第十七戰術飛彈營，配備屠牛士飛彈，在台南基地部署完成（高智揚，二〇〇六、二〇〇八；陳志奇，一九八一）。屠牛士飛彈放在機堡中，發射時才拖出來。屠牛士飛彈可攜原子彈頭或傳統彈頭，是一種地對地的攻擊型飛彈，最大射程一千四百哩，可深入大陸數百里攻擊軍事目標。在台南機場布署屠牛士飛彈，可視為美國在台灣部署核彈的證明。屠牛士飛彈於一九六二年六月撤走。

美國的《*Bulletin of the Atomic Scientist*》一九九九年十一、十二月號〈Where they were〉一文中指出，美國在台灣部署的核武有兩種，一是可攜帶核子彈頭的屠牛士飛彈，一是戰術性核彈，數量約一打。

一九五八年二月二十五日，美國在台南機場興建MK-7核子彈儲藏庫，一九六〇年

▶台南機場於1997年開放臨時郵局郵戳，到了2011年台南與廈門間包機直航後，推出了有台南機場位置圖的郵戳。

▲台南美軍軍郵局尾日封。（資料來自：《今日郵政》第620期，2009.8.）

部署核子彈。一九七四年七月將核武撤走。

美軍駐防台灣，為了通訊而設立軍郵局，共設立九個軍郵局，以航空郵遞與美國聯絡，台南基地亦設有軍郵局。

同時，台南機場開放民航機起降，成為軍民兩用的機場，隨著台灣經濟發展，民航業務興盛，起降的民用航班愈多，而在機場南端興建民航候機室。

結論

台南歷經歷代的建設，有港口、火車站與飛機場，運輸機能健全，是一個交通便捷的都會區。

參考文獻

陳延厚，《中國鐵路創建百年史》，台北市：台灣鐵路管理局，一九八一年。

陳郁欣，〈日治時期台灣郵政的初建：「野戰郵便」〉，《台灣學研究》，第六期，頁七一－八八，二〇〇八年。

黃得峰，〈日據初期郵政發展概況〉，《台灣文獻》，第五十卷第二期，頁一八三－二〇四，一九九九（六）年。

黃得峰編譯，《台灣總督府公文類纂郵政史料彙編》，南投市：省文獻會，二〇〇〇年。

黃紹恆、陳鴻圖、林蘭芳，《台灣社會經濟史》，台北市：空大出版社，二〇一二年。

蘇南成監修，《台南市志・卷三・政事志（中）・財政交通篇》，台南市：台南市政府，一九八二年。

林洋港等監修，《重修台灣省通志・卷四・經濟志・交通篇（第二冊）》，南投市：台灣省文獻委員會，一九九三年。

杜正宇，〈日治下的台南機場〉，《台南文獻》，創刊號，頁二七－五四，二〇一二年。

張炳楠監修，《台灣省通志・卷四・經濟志・交通篇》，台中市：台灣省文獻委員會，一九六九年。

杜正宇、謝濟全，〈盟軍記載的二戰台灣機場〉，《台灣文獻》，六三：三，頁三三九－四〇三，二〇一二年。

輯十

引領時代的生活型態

——林百貨、文學館、法院與公園

一九一〇年代，距日本占領台灣已過了十多年，台灣人民的抗日活動已減少，此時是日本國力最強的時候。一九一九年，日本派田健治郎出任台灣總督，他是首任文官總督，日本政府視台灣為日本內地的延長，進行同化政策，一九一五—一九三七年這段期間稱內地延長主義。這段期間，台灣的社會展現出與以往不同的風貌，民眾的生活步入另一個階段，在台南出現新式的百貨公司、銀行、法院與公園。

被稱為台南銀座的林百貨

一九三二年十二月五日，日本人林方一創辦的百貨公司開幕，以他的姓氏「林」作為百貨公司的名字，稱為林百貨公司，該百貨公司為五層樓的大樓，俗稱五層樓仔，是台南第一棟有電梯

1960 到 1970 年代的林百貨。

及鋼筋混凝土結構的大樓。林百貨是台灣第二家百貨公司，比當時台北市榮町的菊元百貨晚二天開幕，兩者並稱為台灣日本時代南北兩大百貨公司。林百貨所帶來的不僅是百貨公司的營收，也影響了整條街的建築風格，它將現在的中正路整條街的建築，由中國傳統建築的低矮格局轉為西洋式的格局，同時它是當時台南最高的建築，登上頂樓，可以看到遠方的安平與台灣海峽。林百貨所在的中正路在日本時代稱末廣町，一九三二年由日本人梅澤捨次郎設計，是台南的商業區，也是台南最繁華的街道，又稱「台南銀座」。這裡所稱的銀座，是日本東京中央區的一個主要商業區，以高級購物商店聞名，而現在則藉用「銀座」這個名詞，指商業區。

一九三〇年代是日本國力最強的時期，台灣在這段期間經濟繁榮，社會富裕。像是在一九三

2014 年整修後的林百貨，樓頂飄著林百貨的旗幟。（攝影：蕭文）

▲二次世界大戰末期美軍空襲台南時，在林百貨公司牆上留下的彈痕。（攝影：蕭文）

▶在台南林百貨公司牆上的美軍轟炸介紹，以及二次世界大戰空襲時的彈痕。（攝影：蕭文）

○年，由日本水利工程師八田與一設計的烏山頭水庫完工，提高了台南地區的農業生產量，讓稻米生產量逐年增加，使台南一躍而為台灣的米倉，是台灣重要的農業基地。除了農業以外，一九二八年日本勸業銀行在台南驛附近設立台南支店，一九三七年搬到現在的台灣土地銀行台南分行現址。台南驛即台南火車站。原日本勸業銀行台南支店建築在台灣光復後成為中華日報社，現在已拆除。在這個年代，民眾的所得增加，購買力提高，因而出現了上述提及的林百貨公司與商業區。太平洋戰爭末期，由於林百貨是台南最高的建築物，是個制高點，在頂樓裝設機槍，遭到美軍轟炸。

　台灣光復後，林百貨被政府接收，一至三樓為製鹽總廠，四樓為台灣省糧食局，五及六樓為空軍廣播電台，以後這些單位遷走，改由

▲林百貨與日本時代中正路街景，即末廣町，是當時台南最繁華的區域，有「台南銀座」之稱。

▶因五層樓整修完工，因而推出的臨時郵局戳。

鹽警總隊、保安警察第三總隊隊部、台灣省糧食局倉庫以及軍眷宿舍進駐，以後閒置一段時間。一九六〇到一九七〇年代的五層樓仔是一棟老舊破爛的大樓，前面有一個圓形的警察崗亭，晚上一片漆黑。後來，市政府整修這棟大樓，讓這棟大樓的面貌煥然一新，委由台南企業的關係企業高青開發經營。經營者配合社會的懷古風，刻意保持原貌，並在樓頂升起林百貨的旗幟，這棟土黃色的大樓展現出特殊的風格，矗立在中正路與忠義路交叉路口，相當顯眼。

講述歷史的台灣文學館

當然，台南除了有百貨公司與商店街外，也有藝文中心。在日本時代初期，台南州廳沿用清朝台灣分巡道按察使的巡道署，該建築位於現在的永福國小。一九一〇年二月二十二日，台南廳長松木茂俊以「台南庶發第四一〇號」公文上陳總督府，請建台南廳舍，原先選定清代鴻指園舊址，日本時代初期為陸軍營舍；最後以第二候補地的台灣銀行宿舍中選。該廳舍為台灣總督府技師森山松之助

台灣文學館十週年發行的臨時郵局戳，與台灣文學館的郵票。

◀日本時代的台南州廳。

▶美軍轟炸下的台南州廳，一片斷垣殘壁，這棟建築物後來為台南市政府，現在為台灣文學館。

◀2013.11.10. 台灣文學館展示太平洋戰爭末期美軍轟炸照片，圖中的建築物為當時的台南州廳，在轟炸下冒著黑煙，嚴重毀損。

▶日本時代的台南州廳，1950-60 年代作為空軍供應司令部，旗桿右方為空軍軍旗，前面廣場停放著軍用小吉普，兩側衛塔頂端毀於太平洋戰爭末期的美軍轟炸，尚未修復。

設計，他採用法國十九世紀後，經常應用於公共建築的馬薩式型式，其主要特徵為建築的對稱性，以突出的中央翼及出挑的支撐屋簷，這是日本時代常見的建築樣式。建築物呈「V」字形，裡面有一個內庭。這棟建築於一九一三年十月十一日舉行上樑典禮，一九一五年完工，次年遷入。

太平洋戰爭末期，美軍轟炸台灣，台南州廳遭到嚴重的轟炸，成為一片斷垣殘壁。台灣光復後，一九四九年作為空軍供應司令部；一九六九年四月七日移交給台南市政府；一九九七年十月一日台南市政府遷至安平區；二〇〇二年底完成整修工程，二〇〇三年十月十七日，我們熟知的台灣文學館從此正式開館營運。

講述台南司法獄政史的台南地方法院

明鄭時期台南的飲用水含有鹽分，福安坑南側的井水適合飲用，選擇這個地方屯駐騎兵，以後這裡稱「馬兵營」。清黃叔璥的《台海使槎錄》中的〈赤崁筆談〉記載：「郡治濱海，各井皆澹水，微苦鹹；惟傀儡山馬兵營井極清冽，為郡中第一泉。」清朝時，這裡逐漸成為住宅區。清康熙年間，連興位渡海來台，在這附近定居。一八七八年，連橫在此出生，他的字為雅堂，以連雅堂的名字寫作《台灣通史》。日

▲日據時代的台南地方法院。

▲司法博物館司法文物特展臨時郵局郵戳。

▲現在的司法博物館，與日據時代相較，西側的高塔消失了。

據時代，一九一〇年徵收這裡的土地，台灣總督府技師森山松之助，採用歐洲歷史主義時期仿巴洛克式樣，興建台南地方法院，一九一二年落成。這棟建築與總統府、國立台灣博物館，並列為日據時期台灣三大經典建築。一九一五年的噍吧哖抗日事件在這裡開設臨時法庭審判。一九九一年，這棟建築列為古蹟，成立司法博物館。

台南公園

明清時期，燕潭的面積比現在大，它的西側有一條文元溪，可以通到台江，當時民眾利用文元溪，用船運貨物來這裡買賣，在這裡形成市集。清政府在北側設立軍事機構，並在北面設立刑場，目前那裏有一株雨豆樹，樹

日據時代的台南公園管理處。

幹有一塊突出來的樹瘤，看起來像是人的臉。一六八四年，清康熙二十三年，在這裡設立乞食寮，這是清朝協助弱勢團體的社會福利機構。一七二三年，清雍正元年，台南建城，城牆經過燕潭東南側，燕潭與文元溪成為府城北面的天然護城河。如今在公園西北側還可以看到一條北門城牆的遺跡。清道光年間一場暴風雨，台江淤積陸化，文元溪失去航運功能，溪道縮小，現在在台南公園的文元溪像一條排水溝，很難想像，一百多年前，這是一條可以通航的溪流，燕潭的面積也縮小。

日本占領台灣後，遷移乞食寮；於一九一七年在這裡興建公園，同時做為熱帶實驗林；拆除燕潭北面清朝的軍事機關建築，興建新的軍事機關建築；太平洋戰爭末期，曾在這裡興建陸軍醫院。

▲目前這棟建築為警察局。

◀台南公園百年臨時郵局郵戳以日據時代的台南公園管理處房舍為圖案，該房舍為為咾咕石建築。

戰後，這裡的景觀與以往大不相同，燕潭再也看不到燕子，燕潭的面積不若以往，嘉義詩人黃秀峰感慨的寫下「恨逐空潭水未消，蟾宮默對感蕭條，差池燕子今何在，滿耳秋風咽玉蕭」的詩句，雖然景觀不如以往，一九五〇年代，仍被台南市文獻委員會列為台南十二景，稱「燕潭秋月」，如今燕潭旁還有一個水泥柱，上面寫著這四個字——緬懷過往。

戰後，這個公園命名為中山公園，二〇〇一年更名為台南公園。今年為台南公園建園一百年。

結論

銀行與百貨公司是經濟活動的指標，公園是生活品質的指標。銀行有助於靈活運用資金，促進工商業的發展，百貨公司有助於流通貨物，台南市出現銀行、百貨公司與公園，說明台南市的發展到一個程度，生活將邁入一個新的階段。

台灣紀

小方框裡的大台南

從郵票述說台南府城的故事

作　　者：蕭　文
發 行 人：王春申
編輯指導：林明昌
副總經理兼任副總編輯：高　珊
責任編輯：徐　平
封面設計：吳郁婷
校　　對：鄭秋燕

出版發行：臺灣商務印書館股份有限公司
23150 新北市新店區復興路四十三號八樓
電話：(02)8667-3712　傳真：(02)8667-3709
讀者服務專線：0800056196
郵撥：0000165-1
E-mail：ecptw@cptw.com.tw
網路書店網址：www.cptw.com.tw
網路書店臉書：facebook.com.tw/ecptwdoing
臉書：facebook.com.tw/ecptw
部落格：blog.yam.com/ecptw

局版北市業字第 993 號
初版一刷：2017 年 09 月
定價：新台幣 350 元

ISBN 978-957-05-3096-4

小方框裡的大台南：從郵票述說台南府城的故事 ／ 蕭
文 著. --初版. --臺北市：臺灣商務，2017. 09
面 ； 公分. --（台灣紀）

ISBN 978-957-05-3096-4（平裝）

1. 郵票 2. 生活史 3. 臺南市

557.646 106011959

廣　告　回　信
板橋郵局登記證
板橋廣字第1011號

免　貼　郵　票

23150
新北市新店區復興路43號8樓
臺灣商務印書館股份有限公司　收

請對摺寄回，謝謝！

傳統現代　並翼而翔

Flying with the wings of tradtion and modernity.

讀者回函卡

感謝您對本館的支持，為加強對您的服務，請填妥此卡，免付郵資寄回，可隨時收到本館最新出版訊息，及享受各種優惠。

■ 姓名：________________ 性別：□ 男 □ 女

■ 出生日期：________年________月________日

■ 職業：□學生 □公務(含軍警) □家管 □服務 □金融 □製造
□資訊 □大眾傳播 □自由業 □農漁牧 □退休 □其他

■ 學歷：□高中以下（含高中）□大專 □研究所（含以上）

■ 地址：________________________________
____

■ 電話：(H) ________________ (O) ________________

■ E-mail：________________________________

■ 購買書名：________________________________

■ 您從何處得知本書？
□網路 □DM廣告 □報紙廣告 □報紙專欄 □傳單
□書店 □親友介紹 □電視廣播 □雜誌廣告 □其他

■ 您喜歡閱讀哪一類別的書籍？
□哲學．宗教 □藝術．心靈 □人文．科普 □商業．投資
□社會．文化 □親子．學習 □生活．休閒 □醫學．養生
□文學．小說 □歷史．傳記

■ 您對本書的意見？（A/滿意 B/尚可 C/須改進）
內容 ________編輯________校對________翻譯________
封面設計________價格________其他________________

■ 您的建議：________________________________
____

※ 歡迎您隨時至本館網路書店發表書評及留下任何意見

臺灣商務印書館 The Commercial Press, Ltd.

23150新北市新店區復興路43號8樓 電話：(02)8667-3712
讀者服務專線：0800-056196 傳真：(02)8667-3709
郵撥：0000165-1號 E-mail：ecptw@cptw.com.tw
網路書店網址：www.cptw.com.tw 網路書店臉書：facebook.com.tw/ecptwdoing
臉書：facebook.com.tw/ecptw 部落格：blog.yam.com/ecptw